Entre las más grandes necesidades de predicadores en todo el mundo es que sean claros en sus prioridades. Este libro práctico de Rodney Wood nos mantiene concentrado en el pasaje Bíblico, promueve la claridad en nuestra estructura para predicar el pasaje, y provoca una calorosa relevancia en nuestra aplicación a la congregación. Rodney ha trabajado en muchas partes del mundo con predicadores quienes han apreciado grandemente la claridad de los "Pasos Activos" que él ha enseñado, y yo estoy muy contento en recomendar este título a una audiencia más amplia.

        El Rev. Jonathan Lamb
        Director y Ministro General de Ministerios "Keswick",
        y ex-Director del Instituto "Predicación Langham",
        en Oxford, Inglaterra.

"Siendo una persona que ha enseñado la homilética ya por una docena de años, y también habiendo servido como pastor por 25 años antes de esto, y también como Rodney, habiendo participado en los seminarios de la predicación en otras culturas auspiciados por el ministerio Langham Preaching, me he dado cuenta de que los que enseñan este arte de predicar, tenemos diferentes maneras de acercarnos a la tarea. Pero lo que casi todos los profesores de la homilética reconocen—incluyendo a los que enseñan a predicadores en el mundo en desarrollo—es la importancia de dar unos pocos principios y prácticas claras y luego ofrecer ejemplos que las expliquen bien. Rodney lo ha hecho en estas páginas; nos ha dado precepto y ejemplo. Los entrenadores a quienes él enseña, sin duda devorarán este material y luego de asimilarlo, lo harán suyo, contextualizándolo en maneras que ayuden a sus discípulos. Sus sermones se verán y se escucharán diferentes que los míos y diferentes de los de Rodney—¡si es que hemos hecho bien nuestro trabajo!—pero manifestarán el mismo respeto por la Escritura que se ve en éstas páginas. Y así el Señor será honrado mientras que su pueblo escuche su voz en la Palabra predicada y se fortalezca en ella para hacer su voluntad".

        Greg R. Scharf, D.Min.
        Catedrático en la Teología Pastoral, Trinity Evangelical Divinity School,
        Deerfield, IL, autor de *Preparado a Predicar, La Predicación Relacional,* y
        con John Stott, *El Desafío del Predicar.*

"El Rev. Dr. Rodney Wood es un amigo personal y un colega mío muy querido. Una de las cosas que tenemos en común es un compromiso firme con "la predicación expositiva". La pasión y el celo del Dr. Wood por este tema no se puede negar. Su habilidad de enseñar y ser tutor a otros en el conocimiento y la práctica de la predicación expositiva le ha dirigido a escribir este valioso manual sobre el tema. Este material es sin duda una herramienta grande en la formación de muchos otros predicadores expositivos, especialmente entre los que no tienen las oportunidades de acceso a este tipo de literatura bíblica y teológica sólida en el tema de la predicación. Que el Señor de la Palabra bendiga el esfuerzo del Dr. Wood en entrenar a otros en la predicación expositiva de su Palabra en la calle de a lado y alrededor del mundo".

        Elias Medeiros, D.Min., D.Miss., Ph.D. Catedrático "Harriet Barbour" de
        Misiones en el Seminario Teológico Reformado, USA

"Rodney Wood ha provisto una guía muy útil para pastores que desean interpretar y predicar la Biblia en una manera responsable. Los procesos que él recomienda son equilibrados, sabios, y prácticos. Vuestro ministerio será bendecido por este libro".

        Richard Pratt, Ph.D.
        Presidente, Ministerios "Tercer Milenio"; Profesor Adjunto de Antiguo
        Testamento, Seminario Teológico Reformado, USA.

"Rodney Wood nos ha dado un manual sólido y práctico para enseñar lo básico de la predicación expositiva. Su experiencia práctica y su amor por la Palabra de Dios resplandecen a través de cada página. Recomiendo este libro de todo corazón para los que desean mejorar su propia predicación y especialmente para quienes, como yo, quieren ser mejores maestros de la predicación expositiva."

> Austin McCaskill, D. Min.
> Profesor, Instituto Bíblico Albanés (Durres)
> & Seminario Teológico Evangélico (Sauk)

*"Pasos Activos para Predicadores Expositivos* contiene una mina de oro de información bíblica práctica para pastores y maestros. Capacitará al pastor/maestro para dividir correctamente la Palabra y presentar la de una manera clara y entendible. No solo provee un recurso para conocer cómo estudiar y predicar la Palabra, sino que brinda también lucidez spiritual para la preparación y pasos prácticos para interpretar y aplicar el mensaje. Recomiendo con encomio elevado este estudio para todo aquel que desea aprender cómo ministrar de manera efectiva la Palabra de Dios a su pueblo".

> Dr. Sammy Tippit
> Evangelista Internacional, Conferencista, y Autor

"El Evangelio depende de la comunicación guiada por el Espíritu, y Pasos Activos abre la predicación bíblica efectiva a una audiencia mundial al enseñar las practicas que todo predicador necesita saber y desarrollar".

> Dr. D. Greg Hauenstein
> President, MINTS, Miami International Seminary

"El predicador debe ser fiel a la Escritura y claro con los que le escuchan. *Pasos Activos para Predicadores Expositivos* se dirige a ambas tareas en una manera meticulosa y a la vez concisa. Muchos recursos como este sólo se preocupan de "la preparación del sermón". Rodney Wood ha hecho un gran servicio a la Iglesia al tomar el paso extra en proveer una guía práctica, valiosa, y segura *para los que enseñan a otros*, para que la Palabra sea escuchada claramente hasta los confines de la tierra. Nunca he visto material para entrenamiento en la preparación de sermones en forma tan transferible y reproducible. ¡A Dios gracias!

> T. Preston Pearce, Ph.D.
> Asesor en la Educación Teológica, Europa
> Junta de Misiones Internacionales, La Convención Bautista del Sur

"Recomiendo seriamente este libro a todo aspirante a predicador y estudiantes de la Palabra. Habiéndolo utilizado ampliamente entre pastores y evangelistas en Tanzania hemos encontrado que provee una excelente guía para conectarse con el texto de manera significativa. Si se lo sigue, el resultado no es sólo un sermón claro, relevante y fiel al mensaje bíblico, sino también la transformación espiritual del predicador y su congregación".

> Rev. Tony Swanson
> Coordinador Instituto de la Biblia y el Ministerio
> Misión del Interior de África
> Morogoro, Tanzanía

# PASOS ACTIVOS

## PARA PREDICADORES EXPOSITIVOS

**Un Método para la preparación de sermones**

**PHILLIP RODNEY WOOD**

W
The Welkin Press

*Pasos Activos para Predicadores Expositivos, un método para la preparación de sermones*
*Copyright © Phillip Rodney Wood 2016*

*Todos los derechos reservados.*

ISBN: 978-0-9839217-4-5

Printed in the United States of America

Library of Congress Control Number: 2015908284

"Las citas bíblicas han sido tomadas de The Holy Bible, English Standard Version® (ESV®), copyright © 2001 by Crossway, a publishing ministry of Good News Publishers. Used by permission. All rights reserved".

Traducción por el Dr. Alonzo Ramírez Alvarado y Samuel Ramírez López.
Diseño de carátula por Larry Taylor de The Livingstone Corporación.

The Welkin Press
1975 Myrtledale Ave.
Baton Rouge, LA 70808

TRADUCCION AL ESPAÑOL:
Alonzo Ramirez Alvarado
Samuel Ramirez López

Cajamarca – Perú
*2 de Octubre de 2012.*

*A mi esposa Becky*
*A mis hijos Jake, Jim, y John*
*y a mi hija Rebecca Elizabeth, ya con el Señor.*

# TABLA DE CONTENIDO

**Agradecimientos** .................................................................................................. viii
**Propósito de este libro** ........................................................................................... ix
**Instrucciones para los maestros/facilitadores respecto a las hojas de trabajo y esquemas** ............... x

**PRIMERA PARTE: ESTUDIANDO EL PASAJE BÍBLICO** ................................................................ 1

Lección 1 – Estudiando el contexto (Tres pasos activos) ........................................................ 3
Lección 2 – Estudiando el contenido (Cuatro pasos activos) .................................................... 11

**SEGUNDA PARTE (LECCIÓN 3) – ESCRIBIENDO SU SERMÓN** ........................................................ 19
Lección 3 – Escribiendo su sermón (Cinco pasos activos) ...................................................... 21

**GRUPOS DE TRABAJO** .............................................................................................. 29

Notas para los maestros/facilitadores .......................................................................... 29
Separatas para los estudiantes/delegados al curso ............................................................. 30

Estudie el contexto ............................................................................................ 30
Escriba notas de los detalles de cada versículo ............................................................... 31
Lado A – El esquema y la idea principal del pasaje bíblico .................................................... 32
Lado B – Proposición del tema y esquema de su sermón ......................................................... 33
Primera parte, Lecciones 1 & 2, Esquema ....................................................................... 34
Segunda parte, Lección 3, Esquema ............................................................................. 35

Sugerencia de pasajes para los talleres ....................................................................... 36

**APENDICE 1** – Ejemplos de la proposición del tema del sermón y esquemas LADO B .......................... 37

**APENDICE 2** – Un ejemplo de todo el proceso: Desde el texto al sermón ..................................... 45

**LECCIONES ADICIONALES (a ser ofrecidas en el primer taller)** .................................................. 65

Hermenéutica (Principios de Interpretación) ................................................................... 67
Aplicación de la Biblia ........................................................................................ 75

**UNA DEFINICIÓN DE PREDICACIÓN POR JOHN STOTT** .............................................................. 81

**BIBLIOGRAFÍA** ..................................................................................................... 83

# Agradecimientos

Me gustaría expresar mi aprecio al consejo directivo de The Mission Foundation por su apoyo personal con respecto a este proyecto. También estoy extremadamente agradecido a las personas que han leído el manuscrito y que ofrecieron valiosos comentarios y sugerencias: Earl Adams, Richard Pratt, Walt Rogers, Greg Hauenstein, Ken Perez, Preston Pearce, Elias Medeiros, Austin McCaskill, Jonathan Lamb, Simon Vibert, Tony Swanson, Sammy Tippit, Gordon Woolard, y Greg Scharf.

Así también quisiera agradecer a mis hijos, Jake, Jim, y John, por su apoyo entusiasta para con este trabajo. Y por supuesto, quiero agradecer a mi esposa Becky, con quien he viajado, vivido, y servido en muchos lugares del mundo de Dios. Ella, innumerables veces me ha escuchado y ha orado por mí cuando he predicado y enseñado. Ella me ha animado y me ha aconsejado como nadie lo ha hecho. Gracias, Bec.

Finalmente, estaré por siempre agradecido a mi hermano John Stott por el amoroso interés que puso en mí y en mi familia, cuando yo, un joven estudiante en El Instituto de Cristianismo Contemporáneo de Londres. Estoy agradecido por la amistad que disfrutamos por veintisiete años, y por su gran amabilidad para con nosotros. Pero quiero mencionar mi gratitud, de una manera especial, hacia él por el privilegio de ser parte del equipo de predicación Langham y por las palabras personales de ánimo que me dio con respecto a la experiencia que tendría como maestro en el continuo desarrollo de mis clases para los seminarios de predicación expositiva.

# Propósito de este libro

***Equipar a predicadores para entrenar a otros predicadores en el arte de la predicación expositiva:*** Este es el propósito por el cual se han organizado estas notas de lecciones, hojas de trabajo y ejemplos.

Este material que he desarrollado a través de varios años mientras servía como facilitador para los seminarios del Langham Preaching (Ministerios John Stott) en África y Europa Central y Oriental. Mientras estaba haciendo esta labor, me he beneficiado grandemente de la interacción con mis colegas y nuestros anfitriones nacionales. Aprecio mucho a quienes (tanto como a otros amigos) me han ayudado con sus críticas tanto de mis primeros esfuerzos como de los finales en el escribir y enseñar sobre la predicación expositiva.

Sin embargo, estoy especialmente agradecido a mi buen amigo el Rev. Tony Swanson, que trabaja con la African Inland Mission en Tanzania. Mientras estábamos trabajando juntos en Mwanza durante el año 2007, Tony me animó a desarrollar "pasos activos" en mis clases. En esa semana empecé a formular aquellos pasos activos, y desde ese tiempo he utilizado este método.

El proceso de preparación de sermones presentado en este libro incluye dos partes principales que son: Estudiando el pasaje bíblico y escribiendo su sermón. La primera parte está dividida en dos lecciones debido a la cantidad de material que tiene, mientras que la segunda parte (escribiendo su sermón) se trata en una sola lección.

El método que se da aquí es útil para estudiar muchos pasajes de la Biblia. Sin embargo, no es igualmente aplicable a todo género literario como: narración, poesía, proverbios, parábolas y apocalíptica. Aunque ciertos principios pueden ser de utilidad para aquellos géneros. Además, este libro no incluye lecciones sobre asuntos pertenecientes específicamente a otros tipos de literatura bíblica.

Junto con las notas de las lecciones, hay hojas de trabajo y una lista de pasajes sugeridos para los talleres en los cuales un grupo pequeño de estudiantes juntos estudien un pasaje bíblico y desarrollen las proposiciones del tema así como los esquemas de sus sermones. Hay también dos apéndices: El apéndice 1 incluye ejemplos de la proposición del tema y los esquemas de un sermón, y el apéndice 2 provee un ejemplo de nuestro proceso completo que va desde el texto bíblico hasta el manuscrito del sermón.

Adicionalmente a nuestras lecciones de los "pasos activos" he incluido dos lecciones más. La primera de estas es sobre la hermenéutica (principios de interpretación) y la otra trata del asunto de la aplicación del texto bíblico. Me gustaría sugerir que no les entregue estas dos lecciones adicionales a los estudiantes sino hasta después de haber cubierto las primeras tres lecciones y les haya permitido participar en los talleres en los que apliquen los "pasos activos" que se dan en las lecciones uno a la tres.

*Mi oración es que estas notas de las lecciones y los instrumentos respectivos sean de ayuda a los predicadores que desean entrenar a otros predicadores ya sean en seminarios nacionales o regionales, o en pequeños grupos, o en situaciones donde se pueda entrenar persona a persona.* <u>*Me gustaría enfatizar que este material es para los facilitadores, o entrenadores, o maestros. Este no es un syllabus para los estudiantes y por lo tanto no debe ser entregado a ellos antes de haber dictado las lecciones. Los estudiantes solo deben recibir la separata y las que se proveen en las páginas 30-35.*</u> *Sin embargo, espero que usted considere entregar a los estudiantes una copia de todas las notas de las lecciones y algunas hojas en blanco extra (o si fuera posible, una copia de este libro)* <u>*al final del programa de entrenamiento*</u>, *para que ellos puedan entrenar a otros.*

Rodney Wood

# INSTRUCCIONES PARA LOS MAESTROS/FACILITADORES
## Con respecto a las hojas de trabajo y a los esquemas

**Antes de empezar a dar las clases, por favor distribuya las copias de las siguientes hojas de trabajo que se proveen al final de este libro:**

    **1) Estudie el contexto** (p. 30)

    **2) Escriba notas de los detalles de cada versículo** (p. 31)

    **3) Lado A – El esquema y la idea principal del pasaje bíblico** (p. 32)

    **4) Lado B – Proposición del tema y esquema de su sermón** (p. 33)

**Distribuya también copias de los esquemas de las lecciones:**

    **Estudiando el pasaje bíblico (Lado A)** – Este esquema es para la Primera Parte, el mismo que incluye las primeras dos lecciones: Estudiando el contexto y estudiando el contenido. (p. 34)

    **Escribiendo su sermón (Lado B)** – Este es el esquema para la Segunda Parte, el mismo que está compuesto por la lección tres. (p. 35)

# PRIMERA PARTE
## Estudiando el Pasaje Bíblico

# LECCIÓN UNO
# ESTUDIANDO EL CONTEXTO
## Tres pasos activos

### COMENTARIOS INTRODUCTORIOS

La Biblia es la Palabra inerrante e infalible de Dios. En 2 Pedro 1:20-21, el Apóstol Pedro dice: "entendiendo primero esto, que ninguna profecía de la Escritura es de interpretación privada porque nunca la profecía fue traída por voluntad humana, sino que los santos hombres de Dios hablaron siendo inspirados [*literalmente "llevados"*] por el Espíritu Santo". Los escritores humanos eran "llevados por el Espíritu Santo" de tal manera que cada palabra que ellos escribían "venía de Dios". En su segunda carta a Timoteo, el Apóstol Pablo escribe: "Toda la Escritura es inspirada [*literalmente "soplada"*] por Dios, y útil para enseñar, para redargüir, para corregir, para instruir en justicia" (2 Timoteo 3:16). Todas las palabras que están en la Biblia son inspiradas por Dios.

El Dios eterno ha hablado y aún sigue hablando a través de la Sagrada Escritura. Nosotros, los que somos predicadores y maestros, se nos ha concedido el gran privilegio y la enorme responsabilidad de explicar a otras personas lo que el Dios Todopoderoso ha dicho.

No debemos usar la Biblia simplemente como una mera fuente de texto de la cual desarrollamos nuestros propios mensajes. ¡La Biblia es el mensaje! Nosotros somos los que debemos transmitir el mensaje de Dios a los hombres, mujeres y niños de este mundo.

Debemos recordar que no somos animadores. ¡Somos los que explican la Palabra de Dios!

En la realización de esta gran tarea, debemos mirar el ejemplo de Esdras. En Esdras 7:10, podemos leer: "Porque Esdras había preparado su corazón para inquirir la ley de Jehová y para cumplirla, y para enseñar en Israel sus estatutos y decretos".

Nótese el orden dada en este versículo. Esdras se dedicó primero a estudiar la Palabra de Dios y luego a "cumplirla" antes de ir a enseñarla. Así que nosotros, como siervos de Dios, también debemos estudiar su Palabra diligentemente y aplicarla a nuestras vidas antes de que la enseñemos. No debemos enseñar lo que no estamos procurando aplicar a nosotros. Y no podemos aplicar correctamente la verdad si es que no la entendemos. Así como Esdras, debemos estudiar. Debemos entregarnos al trabajo de la exégesis.

¿Qué es la exégesis? "La exégesis es el estudio cuidadoso y sistemático de las Escrituras para descubrir la intención y el significado originales.[1] En la exégesis estudiamos para entender lo que el autor original (o el expositor – como por ejemplo Jesús al predicar el Sermón del Monte) les estaba diciendo a las personas a quienes él les estaba escribiendo (o hablando) en aquel tiempo.[2]

Debemos preguntar: ¿Qué es lo que significaba este texto para esas personas - que vivían hace mucho tiempo en otro lugar? – "¿Qué es lo que el autor bíblico les decía a esas personas que recibieron su carta?"[3]

---

1 Gordon Fee y Douglas Stuart, How to Read the Bible for All Its Worth, p. 19.
2 Claro que hay algunas instancias en las que el autor provee palabras proféticas que él mismo no entiende completamente. Pedro habla de esto 1 Pedro 1:10-12.
3 También, como Richard Pratt ha dicho, "¿qué es lo que la audiencia original debía haber entendido?"

Por ejemplo, debemos preguntarnos:

- ¿Qué es lo que Pablo les estaba diciendo a los romanos?
- ¿Qué es lo que Moisés le estaba diciendo al pueblo de Israel?
- ¿Qué es lo que Isaías le estaba diciendo al pueblo de Judá?

"El significado de un texto es lo que el autor quiso decir".[4] John Stott nos advierte que "buscar el mensaje contemporáneo del texto, sin primero lidiar con el significado original, es intentar un atajo prohibido".[5] El Dr. Stott nos da tres razones por las cuales no debemos de hacer esto:

1. Deshonra a Dios (no teniendo en cuenta la forma que Él ha escogido para revelarse en contextos particulares, históricos y culturales).
2. Se mal usa Su Palabra (tratándola como un almanaque o un libro de hechizos).
3. Induce a su pueblo al error (confundiéndolos respecto a cómo interpretar la Escritura).[6]

No debemos hacer atajos. Debemos recordar que es la palabra del Dios Todopoderoso, la cual hemos sido llamados a predicar. Debemos tratarla con gran respeto. Debemos trabajar duro para saber lo que Dios ha dicho.

## ESTUDIANDO EL CONTEXTO
### Regresando al mundo de la Biblia

Empezamos el estudio de nuestro pasaje bíblico "viajando hacia el pasado" al mundo del autor, así como también al mundo de las personas a las que éste escribía; tal y como lo dijo un maestro: el predicador "toma su silla para sentarse a lado de los autores bíblicos".[7] Y mientras estamos sentados allí con el autor, y miramos alrededor a su mundo, debemos hacernos estas 3 preguntas: 1) ¿Qué tipo de literatura es esta? 2) ¿Cuál es la situación histórica? y 3) ¿Qué es lo que sucede antes y después de este pasaje bíblico que estoy estudiando?

**1. ¿QUÉ TIPO DE LITERATURA ES ESTA?**

*En la biblia, encontramos muchos tipos diferentes de literatura-* epístolas, leyes, parábolas, historia, poesía, profecía, proverbios, oraciones, discursos, literatura apocalíptica, entre otras. Debemos recordar que cada tipo de literatura debe ser interpretada y aplicada de una manera específica.

No vamos a tratar las dificultades involucradas en cada tipo de literatura en esta serie de lecciones. Esos temas serán tratados en lecciones futuras. Por ahora, solamente vamos a notar que es extremadamente importante que reconozcamos el tipo de literatura que estamos leyendo y buscar interpretarla de una manera que sea apropiada para esa clase de literatura. No podemos interpretar adecuadamente un pasaje bíblico a menos que nos preguntemos primero "¿Qué tipo de literatura es esta?"[8]

---

4 E. D. Hirsch, Validity in Interpretation, p. 1, citado en John Stott's *Between Two Worlds*, p. 221. También véase Walter" C. Kaiser, Jr., *Toward An Exegetical Theology*, p. 31-36, para una discusión de las opiniones de Hirsch.
5 John Stott, *Between Two Worlds*, p. 221.
6 Ibid, p. 221.
7 Haddon Robinson, *Biblical Preaching*, p. 23.
8 Hay algunas fuentes de ayuda para géneros bíblicos tales como: Gordon Fee y Douglas Stuart, *How to Read the Bible for All Its Worth*, p. 45-245; Graeme Goldsworthy, *Preaching the Whole Bible as Christian Scripture*, p. 135-244; Dan McCartney and Charles Clayton, *Let the Reader Understand*, p. 223-242; R. C. Sproul, *Knowing Scripture*, p. 89-90, 94-99; Robert Stein, *A Basic Guide to Interpreting the Bible*, p. 73-202; William Klein, Craig Blomberg, and Robert Hubbard, Jr., *Introduction to Biblical Interpretation*, p. 323-448.

# PRIMERA PARTE  Estudiando el Pasaje Bíblico

## 2. ¿CUÁL ES LA SITUACIÓN HISTÓRICA?

En la medida de lo posible, debemos procurar descubrir y escribir notas sobre lo siguiente:[9]

1. ¿Quién es el autor?
2. ¿Dónde se encontraba el autor en el momento que escribió? ¿Cuáles eran sus circunstancias personales, cuando él escribía?
3. ¿A quiénes estaba dirigido?
4. ¿Dónde estaban los lectores? ¿Cuáles eran sus circunstancias personales en el momento en que se escribió el pasaje?
5. ¿Cuál era el propósito del autor? ¿Estaba refiriéndose a problemas específicos? ¿Problemas teológicos? ¿Problemas interpersonales? ¿Problemas circunstanciales?
6. ¿Cuál era la relación entre el autor y los lectores?
7. ¿Qué es lo que podemos descubrir sobre el ambiente económico, político, social y cultural del autor y los lectores?

(En algunos casos, estará preguntándose estas siete preguntas sobre él que habla y los que escuchan, por ejemplo, estudiando el sermón del monte, ustedes se preguntaran estas preguntas sobre Jesús y sobre los que lo escuchaban.)

Algunos predicadores se han preguntado: "¿Qué es lo que hago si no tengo libros que me den información histórica?" Para esta pregunta hay una respuesta alentadora. Si bien es cierto, los académicos nos han dado algunas ideas, empero ¿Cuál es la principal fuente de sus hechos más importantes? Es la misma Biblia. Y ¿Cómo es que hallamos esto en la Biblia?

- *Primero vemos los contenidos del libro bíblico en el cual se encuentra nuestro pasaje.* Siempre debemos de prestar atención al comienzo y al final, porque lo más probable es que encontremos las respuestas allí. Sin embargo, también debemos buscar dentro de todo el libro.

- *También debemos revisar los libros históricos.* En el caso de las epístolas del Nuevo Testamento, iríamos al libro de Hechos. Si es que estamos estudiando Filipenses, ¿dónde encontraríamos información de apoyo histórico? Hechos 16. Pero ¿Qué hay del Antiguo Testamento? Consideremos por ejemplo el Salmo 51. ¿De qué trata este Salmo? El arrepentimiento de David. ¿Dónde buscaría fuentes históricas? 2 Samuel, capítulo 11 y 12. Por favor, vea la referencia en el encabezado del Salmo 51.

## 3. ¿QUÉ ES LO QUE SUCEDE ANTES Y DESPUÉS DE ESTE PASAJE BÍBLICO QUE ESTOY ESTUDIANDO?

*Debemos leer cuidadosamente los pasajes que preceden y los pasajes que le siguen al pasaje que estamos estudiando.* Al hacer esto, estamos adentrándonos en el flujo de pensamiento del autor y por ende estamos en mayor capacidad de entender nuestro pasaje.

También debemos considerar el capítulo, el libro, y el testamento en el cual se encuentra el pasaje. Debemos de tener siempre en cuenta las enseñanzas de toda la Biblia.

A veces el autor realmente está sirviendo como un editor que ha recolectado muchos escritos y dichos de otros. Por ejemplo, Lucas hizo esto cuando escribió su Evangelio y cuando escribió Hechos. Estudiando pasajes de ese tipo de libros, vemos lo que pasa antes y después de nuestro pasaje y nos preguntamos, "¿Por qué el editor incluye este material en este punto?"

---

[9] Usted encontrará que todas estas preguntas se formulan de manera similar en todas las mejores obras sobre métodos de estudio bíblico. Personalmente, estoy en deuda con los Navegantes quienes, en los primeros años de los 70's, me enseñaron por primera vez acerca de la importancia de buscar las respuestas a tales preguntas.

**Resumen**

Cuando estudiamos un pasaje bíblico, *lo primero* que siempre debemos hacer es estudiar el contexto. Debemos resistir la tentación de precipitarnos en estudiar el contenido del pasaje antes de que hayamos prestado cuidadosa atención al contexto: ¿Qué tipo de literatura es esta? ¿Cuál es la situación histórica? Y ¿Qué es lo que sucede antes y después de este pasaje bíblico que estoy estudiando? ¡Estudiar el contexto siempre es primero!

Veamos un ejemplo. Vamos a estudiar el contexto de Filipenses 4:4-9 y usaremos la Biblia como nuestra única fuente. No será un trabajo grupal aún. Mientras usted haga sus descubrimientos, las escribiremos todos juntos.

**PRIMERA PARTE** Estudiando el Pasaje Bíblico 7

## ESTUDIANDO EL CONTEXTO
(Usando la Biblia como su Única Fuente de Información)
### TRABAJANDO CON UN EJEMPLO
Filipenses 4:4-9

(**Nota para el maestro/facilitador**: Entregue a cada estudiante una copia de la hoja de trabajo que se muestra en la página 30, titulada "Estudiando el Contexto". Mientras permanecen juntos toda la clase, haga que alguien lea Filipenses 4:4-9. Luego, guie a los estudiantes a través de las preguntas que están en la hoja de trabajo, <u>permitiéndoles descubrir y compartir sus respuestas con toda la clase</u>. En las notas dadas líneas abajo, se proveen las respuestas. No simplemente les entregue dichas respuestas. Ayude a los estudiantes a hacer sus propios descubrimientos, y haga que escriban las respuestas en sus hojas de trabajo.)

1. **¿Qué tipo de literatura es esta?** (Ley, epístola, parábola, historia, poesía, profecía, proverbios, oración, discurso, literatura apocalíptica? ¿O algún otro género?)

    Filipenses es una carta.

2. **¿Cuál es la situación histórica?**

    a) **¿Quién es el autor?**

    - Los que envían la carta son Pablo y Timoteo. (Filipenses 1:1)
    - El autor es Pablo. (Filipenses 1:3 "Yo"; 1:4 "mi"; 1:6 "Yo", y así sucesivamente en la carta)
    - Pablo era un ciudadano Romano. (Hechos 16:37-39) Era el mensajero especial de Dios a los gentiles. (Hechos 9:15) (Maestro/facilitador: Por supuesto hay mucho más de lo que podríamos aprender sobre el Apóstol Pablo de otros libros de la Biblia, pero no buscaremos esa información en este ejercicio).

    b) **¿Dónde se encontraba el autor cuando escribió? ¿Cuál era su situación personal mientras él escribía/hablaba?**

    - En prisión (Filipenses 1:7, 13)
    - ¿Dónde estaba la prisión? En Roma (Filipenses 1:13 "la guardia imperial"; 4:22 En la casa de César.)

    c) **¿Quiénes son los lectores?**

    - "Todos los santos...en Filipo, con los obispos y diáconos" (Filipenses 1:1)
    - Habían gentiles en la congregación. Por ejemplo, Lidia y su casa (Hechos 16:14-15) y el carcelero y su casa. (Hechos 16:27-34)
    - Habían judíos en la iglesia, algunos de los cuales estaban tratando de imponer la ley ceremonial del Antiguo Testamento a los creyentes de Filipo. (Filipenses 3:2-3)

    d) **¿Dónde se encontraban los lectores? ¿Cuáles eran sus circunstancias personales en el momento que se escribía?**

    - Filipo (Filipenses 1:1) —una colonia romana, una ciudad líder en Macedonia (Hechos 16:12)
    - Ellos estaban sufriendo. (Filipenses 1:28-30)
    - Así como vimos anteriormente, ellos estaban bajo presión de algunos judíos de la congregación a cumplir las leyes ceremoniales del Antiguo Testamento. (Filipenses 3:2-3)

e) ¿Cuál era el propósito del autor? ¿Estaba él tratando algún problema en especial? ¿problemas teológicos? ¿problemas interpersonales? ¿Problemas circunstanciales?

- **Propósitos generales—** 1) Expresar agradecimiento, alegría y confianza en la obra de Cristo dentro de ellos, y por medio de ellos así como también para mostrar su gran afecto hacia ellos (Filipenses 1:3-8); 2). Comunicar su gratitud por su generosidad hacia él (4:15-17); 3) Instarles a experimentar regocijo en todo momento (4:4; también la "alegría" se menciona en toda la carta.)
- **Problemas interpersonales—** 1) Predicadores impropiamente motivados (1:15). 2) Falta de unidad (1:27,2:2, 4:2-3); 3) Preocupación por Epafrodito. (2:25-30)
- **Problemas teológicos—** Legalismo impuesto por los Judaizantes. (3:1-11)

f) **¿Qué es lo que sé sobre la relación entre el autor y los lectores?**

### De la carta a los Filipenses

- Pablo oraba por ellos todo el tiempo, con acción de gracias en su corazón y con la confianza puesta en el trabajo de Dios en sus vidas. Él tenía un profundo afecto para con ellos. (1:3-8)
- Pablo tenía la esperanza de enviar a Timoteo hacia ellos. Él mismo también esperaba visitarlos pronto. (2:23-24)
- Pablo se refiere a algunos de ellos como sus colaboradores en el ministerio. (4:2-3)
- Los filipenses habían enviado presentes a Pablo cuando éste estaba en necesidad. (4:18)

### De Hechos 16:11-Hechos 17:1

- Pablo y Silas eran misioneros enviados a Filipo, y vieron la conversión de Lida y su familia, así como el nacimiento de esta iglesia. (16:11-15)
- Pablo y Silas estaban encarcelados por su participación en la liberación de una esclava de una posesión demoniaca. (16-24)
- El carcelero de Filipo y su casa fueron convertidos. (25-34)
- Pablo y Silas fueron liberados de prisión y después fueron a casa de Lidia y animaron a todos los creyentes antes de partir hacia Tesalónica. (16:35; 17:1)

g) **¿Qué es lo que podemos descubrir sobre el ambiente social, político, económico y cultural de los lectores y del autor?**

- Los lectores y el autor estaban viviendo bajo las normas del imperio Romano. (Filipenses 1:13; 4:22)
- Era el tiempo de persecución. (1:17, 13,29-30)

3. **¿Qué es lo que viene antes y después del pasaje bíblico que estoy estudiando?**

**¿Inmediatamente antes?** En Filipenses 4:1-3, Pablo está lidiando con un conflicto entre Evodia y Sintique. Tal conflicto les estaba impidiendo que puedan regocijarse siempre.

**¿Inmediatamente después?** En Filipenses 4:10-19, Pablo está expresando su gratitud por toda la generosidad de los Filipenses hacia él. También les cuenta que ha aprendido a estar contento en todas las circunstancias. Él les ha dicho en el versículo 6 que ellos no deben estar ansiosos, y en los versos 10-19, él está declarando su propia liberación de la ansiedad sobre la provisión de sus necesidades diarias.

**PRIMERA PARTE** Estudiando el Pasaje Bíblico

**¿En el libro?** A lo largo de la carta a los Filipenses, muchas veces Pablo menciona "regocijo". Él no quiere que nada impida que los Filipenses experimenten el gozo en el Señor. En cada capítulo, es obvio también que tiene un profundo deseo de verlos progresar espiritualmente. Lo dice claramente en el capítulo uno, versículo 25: "Y confiado en esto, sé que quedaré, que aún permaneceré con todos vosotros, para vuestro provecho y gozo de la fe".

**¿En el testamento en el cual se encuentra nuestro pasaje?** El regocijo en Cristo es un tema importante de todo el Nuevo Testamento. En Juan 16:22 Jesús dijo a sus discípulos, "...se gozará vuestro corazón, y nadie os quitará vuestro gozo". En el versículo 24 del mismo capítulo, él dice, "pedid, y recibiréis, para que vuestro gozo sea cumplido".

**¿En toda la Biblia?** El regocijo es un tema que se ve a lo largo de la Biblia. En el Antiguo Testamento así también como en el Nuevo Testamento, nos damos cuenta que estamos hechos para experimentar regocijo en nuestra relación con Dios. En el Salmo 35:9, David dice, "Entonces mi alma se alegrará en Jehová; Se regocijará en su salvación". En Isaías 61:10, el profeta dice "En gran manera me gozaré en Jehová, mi alma se alegrará en mi Dios". En Apocalipsis 19:7, encontramos que será incluso un tema más importante en los corazones del pueblo de Dios. La gran multitud en los cielos dice "Gocémonos y alegrémonos y démosle gloria; porque han llegado las bodas del Cordero, y su esposa se ha preparado".

# LECCION 2
# ESTUDIANDO EL CONTENIDO
## Cuatro pasos activos

Habiendo estudiado el contexto del pasaje, estamos listos para analizar el contenido. Hay cuatro pasos activos que debemos seguir para estudiar el contenido:

1) Leer el pasaje una y otra vez, y orar.
2) Escribir notas sobre los detalles del pasaje.
3) Hacer un esquema o bosquejo del pasaje.
4) Escribir la idea principal del pasaje.

**1. LEER EL PASAJE UNA Y OTRA VEZ, Y ORAR.**

- **Leer el pasaje una y otra vez.**

    John Stott dice, "Leer el texto, re-leerlo, re-leerlo, y re-leerlo otra vez. Dale vueltas en tu cabeza... métete dentro del texto así como una abeja a una floreciente flor de la Primavera, o como un colibrí mete su pico a una flor Hibisco para obtener su néctar. Concéntrate en el texto, así como el perro en su hueso. Chúpalo así como el niño chupa una naranja. Mastícalo así como la vaca rumia el pasto".[10]

    *Mientras leemos, debemos preguntarnos constantemente. "¿Qué es lo que el autor está diciendo a los lectores?"* Estamos buscando la idea principal del autor.[11] A veces, pero no siempre, el autor claramente establecerá su idea principal. Cuando lo haga, nosotros a menudo la vemos al inicio o al final del pasaje, y a veces revela la idea principal a lo largo del texto a través de la repetición. Sin embargo, en la mayoría de casos no vamos a descubrir la idea principal hasta que hayamos estudiado cuidadosamente los detalles de todos los versículos del pasaje.

    También nos preguntamos, *"¿Qué es lo que el autor está diciendo acerca de lo que está diciendo?"* ¿Cuáles son los puntos principales acerca de la idea principal? Estamos buscando la estructura de su mensaje. Estamos investigando la manera en que los versículos se agrupen. Estamos tratando de entender el flujo del pasaje.

- **Mientras leemos, debemos continuar orando.**

    John Stott dice, "Personalmente hablando, siempre he encontrado que es de ayuda en la preparación de mis sermones haciéndolo de rodillas, con la Biblia abierta frente a mí, haciendo el estudio con oración".[12]

    Debemos de orar humildemente por entendimiento, así como hizo el Salmista en Salmo 119:18 *"Abre mis ojos, y miraré las maravillas de tu ley".*

    Debemos leer y orar mientras pensamos en lo que el autor nos quiere decir. Sin embargo, aún no hagamos el esquema ni definamos la idea principal. Primero debemos estudiar los detalles.

---

10  John Stott, p. 220.
11  Haddon Robinson, p. 40.
12  Ibid, p. 222.

## 2. ESCRIBIR NOTAS SOBRE LOS DETALLES.

Estudiamos cada versículo cuidadosamente empezando por el comienzo del pasaje y trabajando hasta el final. Para cada versículo, tomaremos los siguientes seis pasos:

### 1) Identificar los VERBOS.

Los verbos incluyen acción, palabras tales como correr, predicar, orar, arrepentirse, ayudar, dar, bautizar y enviar. Verbos también incluyen *ser*, palabras como soy, es, somos, eran, fueron, serán.

Los verbos en un versículo nos guiarán hacia el significado del autor, ya que los verbos nos ayudan a ver frases en cada oración.[13]

### 2) Ubicar la FRASE CENTRAL.

En la frase central, el autor está dando la idea principal del versículo. Escriba la frase principal. Use las palabras exactas que se emplean en el versículo respectivo.

### 3) Hacer una lista de las PALABRAS CLAVE.

Ejemplo: Romanos 5:10 – "reconciliado", "salvado"; Efesios 2:8-9 – "gracia", "fe", "don" "obras". Salmo 51:1 – "piedad", "misericordia", "compasión", "transgresiones".

### 4) Buscar PALABRAS DE ENLACE (CONECTORAS).

Son palabras que sirven para unir los pensamientos de este versículo con otros versículos (ver Romanos 8:1) y palabras que conectan pensamientos o ideas dentro del mismo versículo (ver Romanos 8:7). Las siguientes palabras son ejemplos de palabras de enlace: Por lo tanto, ya que/puesto que, porque, si, por otro lado, sin embargo, pero, también, finalmente, además, por/para, y en vista que.

### 5) Pregunte, "¿QUÉ PREGUNTAS ESTÁ RESPONDIENDO EL AUTOR PARA SUS LECTORES EN ESTE VERSÍCULO?"

En cada versículo, el autor está respondiendo al menos una de las siguientes seis preguntas: *¿Cómo, qué, por qué, cuándo, dónde y quién?* De hecho, en toda comunicación, se responde a una o más de estas preguntas.

Después de escribir todas las preguntas a las que el autor está respondiendo, determine cuál de estas es la **pregunta principal** que el autor está respondiendo en le versículo bajo estudio. La pregunta principal del autor este respondida en la frase central de la oración.

### 6) Pregunte, "¿QUE PREGUNTAS TENGO ACERCA DE ESTE VERSÍCULO? Y ¿QUE PREGUNTAS PODRÍAN TENER LOS MIEMBROS DE LA CONGREGACIÓN?" (Use las seis preguntas: Cómo, qué, por qué, cuándo, dónde y quién?)

En sus seminarios-taller no tendrán tiempo para dar respuestas a las preguntas que usted tiene (o las que tienen los miembros de la congregación) acerca de cada versículo. Sólo tendrá tiempo de escribir unas cuantas preguntas Cuando usted está realmente preparándose para predicar, tendrá que escribir sus respuestas a aquellas preguntas y usar mucho de aquel material en su sermón.

---

[13] Fue Chris Wright a quien escuché por primera vez insistir en que prestemos atención a los verbos que nos conducirán al significado real del texto. También Howard Bill Hendricks dijo: "Los verbos son cruciales, porque son las palabras de acción que nos indican quién está haciendo qué". (*Living By the Book,* p. 116).

**PRIMERA PARTE** Estudiando el Pasaje Bíblico

**Complete los seis pasos previos para cada versículo. Después de haber aplicados los seis pasos a todos los versículos de su pasaje, luego vuelva al inicio de su pasaje y examine otras cosas tales como:**

- **Definiciones** – por ejemplo, Hebreos 11:1, "Ahora bien, la fe es la certeza de lo que se espera, la convicción de lo que no se ve".
- **Listas** – por ejemplo, 1 Timoteo 3:1-7 provee de una lista de requisitos para ser presbítero
- **Contrastes** – (cosas que son diferentes) – por ejemplo, Romanos 8:5, "los que son de la carne" y "los que son del Espíritu".
- **Comparaciones** – (cosas que son iguales o similares) – por ejemplo, Efesios 5:25, "Esposos, amad a vuestra esposas así como Cristo amó a la Iglesia y se dio a si mismo por ella".
- **Causa y efecto** – por ejemplo, 1 Reyes 11:9, "Y el SEÑOR se enojó con Salomón porque su corazón se había apartado del SEÑOR, Dios de Israel. . . ".
- **Metáforas (imágenes verbales)** – por ejemplo, Salmo 1 dice que el varón bendito será "como un árbol plantado junto a corrientes de aguas que da su fruto a su tiempo y su hoja no cae". También Mateo 5:14, "Vosotros sois la luz del mundo".
- **Sorpresas**[14] – ¿Presenta este versículo algo que es muy sorprendente en vista de que lo que se dijo en el versículo(s) que esta ante nosotros? Por ejemplo, Hechos 20:29-30.
- **Grandes temas de la Biblia** – por ejemplo, el reino de Dios, justificación, santificación, verdadera santidad, redención, propiciación, perdón, gracia, amor, etc.
- **Referencias cruzadas** – otras referencias bíblicas que mejoran nuestro entendimiento de los versículos en este pasaje o que aún más establecen nuestra apreciación de la importancia de un concepto particular.

**MUY IMPORTANTE.** Al estudiar los detalles, **TOME MUCHAS NOTAS** Sus notas le proveerán de la información que necesita para descubrir y escribir el esquema y la idea principal del pasaje: **Ejemplo – Por favor, vayamos a Hechos 1:8 mientras que usaremos los seis primeros pasos en el análisis de los detalles del versículo.** Por favor, escriba sus propias notas mientras trabajamos juntos.

[**Nota para el maestro/facilitador:**] Usted debe permitir que sus estudiantes (o delegados al seminario-taller) hagan sus propios descubrimientos mediante la discusión abierta con todo el grupo (no en grupos de trabajo) en esta instancia. Grupos-taller se harán más adelante en el curso. También recuerde que aunque las respuestas se dan en las notas de clase más adelante, aún no les entregue dichas respuestas. En lugar de ello, guíeles punto por punto en su discusión para que ellos encuentran las respuestas. En el numeral 6, líneas abajo, usted encontrara que probablemente ellos hagan preguntas que no están incluidas aquí. Este será un tiempo emocionante de descubrimiento para ellos.]

1. **Verbos** – **recibir, venir, ser** (Recuerde que los verbos nos guían al significado.)
2. **Frase central** – "me seréis testigos".
3. **Palabras clave** – poder, Espíritu Santo, testigos.
4. **Palabras de enlace o conectoras** – Pero
5. **¿Qué preguntas están siendo respondidas por el autor/orador para sus lectores/ oyentes?**
    - ¿Que llegarán a ser ellos? "me seréis testigos"
    - ¿Cómo serán testigos? "Recibiréis poder"
    - ¿Cuándo recibirán poder? "cuando haya venido el Espíritu Santo sobre vosotros"
    - ¿Dónde serán testigos? "en Jerusalén, en Judea, en Samaria, y hasta lo último de la tierra"

---

14 Aprendí a examinar las sorpresas de Chris Wright.

6. **¿Qué preguntas tengo? Y, ¿qué preguntas podrían tener los miembros de la congregación?**
    - ¿Quién es el Espíritu Santo?
    - ¿Cuándo el cristiano recibe el Espíritu Santo?
    - ¿Qué significa ser testigo?
    - ¿Por qué Jesús pone en este orden a Jerusalén, Judea, Samaria, y lo último de la tierra?

**<u>Un importante recordatorio para los estudiantes o delegados al curso:</u>** Las preguntas que ha escrito en el paso 6 (arriba) son necesarias para su análisis más profundo del versículo. Como hemos mencionado anteriormente, cuando usted está preparando un sermón, necesita volver a estas preguntas para estudiarlas y escribir las respuestas a cada pregunta en su <u>cuaderno</u>. Usted utilizará estas respuestas para explicar el texto a la gente de su congregación.

**Desarrollemos ahora un segundo ejemplo. Por favor, vayamos a Mateo 28:19-20, y empezaremos nuevamente a "escribir notas de los detalles". Juntos estudiaremos estos dos versículos.**

1. **Verbos (todas son palabras de acción y de existencia, incluyendo los participios) – ir, hacer, bautizando, enseñando, guardar, mandado, estoy.**
2. **Frase central – "Por tanto, id y haced discípulos"**
3. **Palabras clave – discípulos, naciones, Padre, Hijo, Espíritu Santo, siglo.**
4. **Palabras de enlace o conectoras – Por tanto, y.**
5. **¿Qué preguntas están siendo respondidas por el autor/orador para sus lectores/oyentes?**
    - ¿Qué deben hacer ellos? "Id . . . y hacer discípulos"
    - ¿De quién? "de todas las naciones"
    - ¿Cómo? (o ¿qué? ¿Qué involucrara?) "Bautizándolos" y "enseñándoles"
    - ¿En qué nombre? "en el nombre del Padre, y del Hijo, y del Espíritu Santo"
    - ¿Qué deben enseñarles? "guardar todo lo que os he mandado"
    - ¿Quién estaría con ellos? Jesús dijo: "Yo estoy con vosotros"
    - ¿Por cuánto tiempo El estará con ellos? "todos los días, hasta el fin del siglo"

6. **¿Qué preguntas tengo? Y, ¿qué preguntas podrían tener los miembros de la congregación?**
    - ¿Qué es un discípulo?
    - ¿Quiénes son las naciones?
    - ¿Cuándo deben ir los discípulos?
    - ¿Por qué Jesús dice: "en el nombre del Padre, y del Hijo, y del Espíritu Santo"?
    - ¿Cuál es la relación entre el Padre, el Hijo y el Espíritu Santo?
    - ¿Cuáles son las cosas que Jesús mandó a los apóstoles que enseñaran?
    - ¿Cómo está Jesús con nosotros todos los días?
    - ¿Cuándo llegará "el fin del siglo"?

<u>Por favor, recuerde</u> que además de los seis pasos que acaba de aplicar con Hechos 1:8 y Mateo 28:19-20, usted escribirá también otras observaciones importantes (definiciones, listas, contrastes, comparaciones, causa y efecto, metáforas, sorpresas, grandes temas de la Biblia, y referencias cruzadas.) En su taller grupal, usted examinará esas cosas también.

**PRIMERA PARTE** Estudiando el Pasaje Bíblico

## 3. ESCRIBA EL ESQUEMA.

Este esquema del pasaje se le llama también el esquema exegético. ¿Cómo lo escribimos?

- **Identifique las "unidades de pensamiento", es decir, las agrupaciones de versículos.**

    ¿Qué significa "unidades de pensamiento"[15] o agrupación de versículos? Se refiere a un grupo de versículos que trabajan juntos en afirmar una sola proposición. Al leer todo el pasaje bajo estudio, versículo por versículo, pregúntese "¿sigue el autor hablando en este versículo acerca de la misma idea o proposición de la cual estaba hablando en el versículo anterior?" ¿Cuáles versículos van juntos? Así usted está viendo cuáles versículos deben agruparse.

    En pasajes largos, las unidades de pensamiento serán párrafos. En pasajes cortos, estas unidades de pensamiento serán versículos u oraciones. En pasajes muy largos, como los que se encuentran en las porciones narrativas de la Biblia, las unidades de pensamiento algunas veces incluyen varios versículos.

    Para descubrir las unidades de pensamiento (o agrupaciones de versículos), continúe leyendo el texto cuidadosamente y observe sus notas personales de los detalles del texto. Estudie las notas que ha escrito para cada versículo en las que identificó: (1) Los verbos, (2) la frase central, (las palabras clave), (4) las palabras conectoras, y lo que es más importante, (5) ¿Qué preguntas está respondiendo el autor para sus lectores en este versículo? – (cómo, qué, por qué, cuándo, dónde y quién.)

    Al empezar a descubrir lo que usted piensa que son las unidades de pensamiento o agrupación de versículos, dese cuenta cómo cada unidad de pensamiento se relaciona con la que precede y con la que sigue. ¿Cuál *es el flujo de pensamiento?*

    El número de unidades de pensamiento: Puede ser que usted descubra que el número de unidades de pensamiento sea posible de reducir a un número menor. Por ejemplo, inicialmente puede tratarse de cinco o seis versículos, pero luego usted se da cuenta que dos o más pueden combinarse.

- **Escriba la idea central de cada unidad de pensamiento (agrupación de versículos) en una oración completa.**

    Estas oraciones *son los puntos principales en su esquema del pasaje*, es decir, *el esquema exegético*. (Incluya el número del versículo que corresponda a cada punto.)

    Recuerde que en cada unidad de pensamiento el autor está dando una respuesta al menos a alguna de las seis preguntas de su audiencia: ¿cómo, qué, por qué, cuándo, dónde y quién? *Escriba la respuesta del autor en una oración clara, concisa y completa.*

- **Escriba los sub-puntos en oraciones completas (incluya el número de versículos correspondientes).**

    Cada sub-punto está directamente relacionado a la idea central de esa unidad de pensamiento. Observe *sus "notas de los detalles del texto" para descubrir estos sub-puntos*. En cada sub-punto, se da respuesta a las seis preguntas acerca de la idea central de aquella unidad de pensamiento – cómo, qué, por qué, cuándo, dónde y quién.

- **Escriba cada punto en tiempo pasado y use nombres propios donde sea apropiado.**

---

15   Haddon Robinson, p. 54-55.

## 4. ESCRIBA LA IDEA PRINCIPAL.

- **La idea principal debe ser escrita en <u>una oración completa</u>, usando verbos en tiempo pasado y también nombres propios.**

- **Use las seis preguntas (¿cómo, qué, por qué, cuándo, dónde y quién?) para descubrir la idea principal.** El autor está respondiendo alguna de las seis preguntas para sus lectores.

- **Algunas veces la idea principal está claramente dada en el texto.** Con frecuencia se encuentra al principio y/o al final del pasaje. A veces se da por la repetición de palabras clave. Veamos dos textos donde la idea principal se da claramente. **(<u>Nota para los maestros/facilitadores:</u> Pida a sus estudiantes que trabajen con usted a través de estos textos. Déjelos que ellos mismos descubran la idea principal.)**

    ♦ **Génesis 1**

    Mire al comienzo y al final del capítulo. Luego busque lo que se repite a través de todo el capítulo.

    **¿Cuál de las seis preguntas estaba Moisés respondiendo al pueblo de Israel?** Moisés está respondiendo a la pregunta del "¿Cómo?" – "¿Cómo llego a existir el mundo?"

    **Entonces, ¿Cuál es la idea principal?** Moisés le estaba diciendo al pueblo de Israel que Dios creó el mundo mediante la palabra hablada.

    ♦ **Santiago 1:19-25**

    **¿Qué pregunta estaba Santiago respondiendo para los judíos cristianos de la dispersión?** Santiago estaba respondiendo a la pregunta "¿Qué?" – "¿Qué deben hacer ellos con la Palabra de Dios?"

    **¿Cuál es la idea principal?** Santiago les estaba diciendo a los judíos cristianos de la dispersión que ellos deben ser hacedores de la palabra y no solamente oidores.

- **Con frecuencia la idea principal no se da explícitamente en el texto, por lo tanto tiene que descubrirse analizando cuidadosamente a los puntos principales de su esquema del pasaje.**

Al examinar a todos los *puntos principales* en su esquema, pregúntese reiteradamente tres preguntas: "¿Qué pregunta estaba respondiendo el autor? ¿Qué estaba diciendo el autor a sus lectores? ¿Cómo se puede escribir esta respuesta en una oración completa?"

Filipenses 2:1-11 es un ejemplo de un pasaje en el cual descubrimos la idea principal examinando cuidadosamente los puntos principales del esquema del pasaje. Trabajemos juntos este texto.

**PRIMERA PARTE** Estudiando el Pasaje Bíblico

## DESCUBRIENDO LA IDEA PRINCIPAL
Trabajando mediante un ejemplo
Filipenses 2:1-11

**(Nota para los maestros/facilitadores**: Haga que los estudiantes trabajen a través del pasaje con usted (todavía no en taller en este punto). Lea el pasaje con ellos. Luego ayúdeles a hacer su propio descubrimiento. Guíelos al esquema y a la idea principal que le damos líneas abajo. Explíqueles que usted solo está interesado en los puntos principales del esquema y no en los sub-puntos.

**Los puntos principales del esquema**

    **I.**    Pablo les dijo a los Filipenses que deben mantenerse unidos. (vv. 1-2)

    **II.**    Pablo les dijo que se relacionen el uno al otro con humildad. (vv. 3-4)

    **III.**    Pablo les exhortó a seguir el ejemplo de humildad de Jesús. (vv. 5-11)

**Descubriendo la idea principal**

    ¿Qué estaba diciendo Pablo a los Filipenses? *¿Qué pregunta* les estaba respondiendo?

    Pablo les estaba respondiendo a la pregunta "¿Qué?" – "¿Qué deben hacer acerca del problema de la división que había entre ellos?"

**Entonces ¿Cuál es la idea principal?**

    Puede escribirse de varias maneras. Pero aquí está una manera en la que podría ser escrito:

    *Pablo les estaba diciendo a los filipenses que deben unificarse siguiendo el ejemplo de humildad de Jesús al relacionarse mutuamente.*

## REVISANDO LOS PASOS ACTIVOS
### En el estudiar el pasaje bíblico

**Estudiando el contexto: Tres pasos activos**

Cuando abrimos nuestra Biblia para estudiar un pasaje, siempre consideramos <u>primeramente</u> al contexto. Escribimos las respuestas a las siguientes tres preguntas:

1) ¿Qué tipo de literatura es ésta?

2) ¿Cuál es la situación histórica?

3) ¿Qué sucede antes y después del pasaje que estoy estudiando?

**Estudiando el contenido: Cuatro pasos activos**

<u>Después</u> que hemos prestado atención al contexto, luego estudiamos el contenido del pasaje. Estos son los cuatro pasos activos:

1) Lea el pasaje una y otra vez, y ore.

2) Escriba notas sobre los detalles del pasaje.

3) Escriba el esquema.

4) Escriba la idea principal.

# SEGUNDA PARTE
## Escribiendo su sermón

# LECCION 3
# ESCRIBIENDO SU SERMÓN
## Cinco pasos activos

Hemos trabajado haciendo exégesis, es decir, hemos estudiado el texto para entender lo que el autor original (u orador) quiso decir a la gente a quienes les escribió (o habló) en aquel tiempo. Hemos leído una y otra vez y hemos orado, hemos escrito notas sobre los detalles del texto, y hemos escrito un esquema, y hemos escrito la idea principal del pasaje. Hemos trabajado duro para entender el mensaje del autor.

Ahora pasamos a llevar aquel mensaje a la gente a quien servimos. Debemos construir un puente entre el mundo del autor original y el mundo de nuestros oyentes. Esto exigirá que vivamos entre dos mundos y que nos involucremos en lo que John Stott ha llamado "un doble escuchar". Escuchamos a la Biblia, y escuchamos al mundo en el que vivimos nosotros y nuestros oyentes. Al hacer esto, buscamos ser fieles al mensaje del antiguo texto bíblico y al mismo tiempo llevar el mensaje a nuestros oyentes en una manera que les sea clara y relevante a su contexto.[16]

**Hay cinco pasos que seguiremos al escribir nuestros sermones:**

1. Escriba la proposición del tema de su sermón.
2. Escriba el esquema.
3. Re-escriba el esquema y llene los detalles (explicaciones, ilustraciones y aplicaciones).
4. Escriba la introducción
5. Escriba la conclusión.

**1. ESCRIBA LA PROPOSICION DEL TEMA DE SUS SERMÓN.**

- **Escribimos este tema central en una oración clara, concisa y completa.**

- **¿Cómo desarrollamos esta proposición del tema? ¿Cómo escribimos esta única oración?**

    **Buscamos la idea principal en el pasaje bíblico bajo estudio (Lado A), y llevamos esa idea <u>al presente</u> <u>al escribir la proposición del tema del sermón</u> (Lado B).** Usamos verbos en tiempo presente y pronombres personales (Yo, usted, nosotros, vosotros, ellos) cuando escribimos la proposición del tema (Lado B).[17] Aquí se les ofrece algunos ejemplos:

    ♦ **Mateo 7:15-20**

    **Idea principal (Lado A).** <u>Jesús advirtió a Sus discípulos</u> a tener cuidado de los falsos profetas que vendrían a <u>ellos</u> vestidos en piel de cordero, pero realmente serían lobos rapaces (tiempo pasado).

    **Proposición del tema (Lado B).** <u>Jesús nos advierte</u> que tengamos cuidado de los falsos profetas que vienen a <u>nosotros</u> vestidos en piel de cordero pero en realidad son lobos rapaces (tiempo presente).

---

16  John Stott, p. 137-144.
17  Walter C. Kaiser, Jr., *Preaching and Teaching from the Old Testament*, p. 57-58.

♦ **Santiago 1:19-25**

**Idea principal (Lado A)** <u>Santiago les estaba diciendo a los judíos cristianos de la dispersión</u> que <u>ellos</u> deben ser hacedores de la Palabra y no simplemente oidores. (tiempo pasado)

**Proposición del tema (Lado B)** <u>Usted y yo debemos ser hacedores</u> de la Palabra y no simplemente oidores. (tiempo presente)

♦ **Jeremías 23:16-32**

**Idea principal (Lado A)** <u>Dios estaba advirtiendo a Su pueblo</u> a no escuchar a los falsos profetas que predicaban sus propias visiones y sueños, y que conducían al pueblo a mayores pecados. (tiempo pasado)

**Proposición del tema (Lado B)** <u>Usted y yo ¡no debemos escuchar</u> a los predicadores de sueños! (tiempo presente)

Algunas veces podemos ser creativos en el desarrollo de nuestra proposición del tema. Podemos escribirlas en maneras que son más contemporáneas y apropiadas para nuestros oyentes. Además, nuestra proposición del tema (lado B) algunas veces puede ser un poco más corta que la idea principal del pasaje (Lado A), pero debemos estar seguros que la proposición del tema (Lado B) está presentando claramente el mismo pensamiento de la idea principal del pasaje (Lado A).

El desarrollo cuidadoso de la proposición del tema de su sermón es esencial. Un gran predicador llamado J. H. Jowett dijo: "Tengo la convicción de que ningún sermón está listo para ser predicado... hasta que podamos expresar su tema en una oración corta... que sea tan clara como el cristal. Hallo que escribir esa oración es el trabajo más duro, el más consumidor y el más fructífero en mi estudio..."[18]

**2. ESCRIBA EL ESQUEMA DE SU SERMON.**

- **¿Cuál es el propósito de un esquema?**[19]

    - Ayuda a la congregación a seguir el flujo de su sermón y a recordar su contenido.

    - Le ayuda a usted como predicador en la preparación del sermón.

        a) Provee de una estructura ordenada para escribir su sermón.
        b) Le ayuda a ver dónde colocará sus explicaciones, ilustraciones y aplicaciones.

- **El esquema del sermón debe escribirse en oraciones claras, concisas y completas.**

    El Dr. Haddon Robinson dice: "Puesto que cada punto en un sermón representa una idea, deber ser una oración gramaticalmente completa. Cuando las palabras o frases se colocan como puntos, son engañosas porque son incompletas y vagas".[20]

---

[18] J. H. Jowett, citado por *John Stott, Between Two Worlds,* p. 226.
[19] El Dr. Bryan Chapell se refiere al esquema como un "mapa mental que todos pueden seguir" ver, *Christ-Centered Preaching.* Véase también sus comentarios sobre el valor del esquema para el predicador y para sus oyentes en p. 130-31.
[20] Haddon Robinson, p. 131.

# SEGUNDA PARTE  Escribiendo Su Sermón

- **El esquema debe ser escrito en tiempo presente.**

  El esquema del sermón debe usar términos que dejan en claro que estamos hablando a la gente que está delante de nosotros acerca de sus vidas y que no estamos simplemente hablándoles acerca de otras personas que vivieron antiguamente. Para lograr esto, debemos recordar lo siguiente:[21]

  - **Evite el uso de nombres propios en el esquema, excepto los nombres de Dios.** El esquema de nuestro sermón no trata de personas y lugares de los milenios pasados. Se trata de la gente que están escuchándole.

  - **En el esquema del sermón no use verbos en tiempo pasado, úselos en tiempo presente.** Este sermón es para los que viven hoy.

  - **En el esquema del sermón no use pronombres en tercera persona** (ellos, les, ello, ella y él). Use, más bien, pronombres en primera y segunda persona (nosotros, ustedes/vosotros, yo, nos). Algunas veces podemos usar con humildad o cariño el "tu" directo, pero hay que tener mucho cuidado con el plural "ustedes" para no crear una barrera entre el predicador y sus oyentes.

- **Usted puede añadir encabezamientos (títulos) memorables.** (En sus talleres, enfóquese en oraciones completas. Los encabezamientos memorables son opcionales.)

3. **RE-ESCRIBA SU ESQUEMA Y LLENE LOS DETALLES DE SU SERMÓN.**

   - **MIRE NUEVAMETE LAS NOTAS** que usted escribió cuando estaba estudiando los detalles del pasaje. Aquellas notas le proveerán de mucha información que usted incluirá en su sermón. Sin embargo, no incluirá TODA la información en su sermón (ver la sección "Escriba notas de los detalles de cada versículo".)

   - **AÑADA ILUSTRACIONES**

     - **Nuestros sermones incluirán historias cortas, ejemplos, dichos y comparaciones.** Estas ilustraciones les ayudara a nuestros oyentes a obtener un mejor entendimiento del pasaje.

     - **Usted debería escribir sus ilustraciones completamente.** Al hacerlo, sabrá cuánto durarán. Además, al hacerlo usted será exacto y efectivo en todo lo que dice.

     - **Cuide que sus ilustraciones encajen verdaderamente con el significado del pasaje.**

     - **Cuide que sus ilustraciones sean apropiadas para su audiencia.** Considere su edad, su educación, y su trasfondo cultural.

     - **¿Cuáles son las fuentes para sus ilustraciones?** Nuestra primera fuente es la misma Biblia. Podemos ilustrar una verdad que se enseña en un pasaje bíblico con una historia de otra parte de la Biblia. Adicionalmente a la Biblia, tenemos la historia, las biografías, las novelas apropiadas, historias cortas, el periódico, nuestras propias experiencias, y otras fuentes.

---

21 Kaiser, p. 57-58.

- ¿Cuántas ilustraciones debemos tener? ¿Cuán largas deben ser? Debemos ser cuidadosos en no tener muchas y no deben ser muy largas. Nuestras ilustraciones deben hacer que la Biblia resplandezca más brillante ante nosotros. Queremos que nuestros oyentes entiendan y recuerden el mensaje de la Biblia.

- **SIEMPRE INCLUYA APLICACIONES**

    - **Debemos preguntar, "¿Que efecto tiene para nosotros y para nuestros oyentes?"**
    - **Debemos procurar tener aplicaciones personales a través de nuestros sermones.**
    - **Debemos aplicar el mensaje a nosotros mismos.** Debemos ser como Esdras que "dedicó su corazón" a "practicar" lo que "estudió y enseñó". (Esdras 7:10, BLA)

    Lo que sigue es una herramienta aplicativa de ayuda de parte de los navegantes (con ligeras modificaciones):[22]

    - **¿Hay un PECADO que debo evitar o confesar?**
    - **¿Hay una PROMESA de Dios para mí que debo reclamar?**
    - **¿Hay un EJEMPLO que debo seguir, o no seguir?**
    - **¿Hay un MANDATO que debo obedecer?**
    - **¿Hay CONOCIMIENTO que debo entender y recordar?** (Conocimiento acerca de Dios, de la Iglesia, de los creyentes individuales, de los no creyentes, etc.)

    Puede usted usar el siguiente acrónimo para memorizar este esquema: PEPEMACO para referirse a: Pecado, promesa, ejemplo, mandato y conocimiento.

4. **ESCIRBA LA INTRODUCCION.**

    - **El propósito de la introducción es "crear interés y convencer al oyente que el escuchar su mensaje le ayudará".**[23]

    - **La introducción debe preparar a su congregación para el tema central de su sermón.**

        Esto puede hacerse incluyendo en su sermón la proposición del tema, o puede hacerse de manera menos directa. En cualquier caso, la introducción debe estar directamente ligada al tema central de su sermón.

    - **No debe ser muy larga.**

        Si nuestra introducción es muy larga, puede que nuestros oyentes no estén dispuestos a continuar escuchando nuestro sermón. ¡Dejarán de escucharnos!

        Un gran predicador dijo una vez: "Como regla, no haga una larga introducción. Siempre es una pena hacerle un portón muy grande a una casa pequeñita".[24]

    - **Usualmente se la escribe <u>después</u> que el cuerpo del sermón ha sido completado.**

        Queremos construir la casa antes de hacer el portón. De otro modo podríamos encontrarnos luchando para que la casa encaje en el portón, en lugar de que el portón encaje en la casa.

---

22   *The Navigator Bible Studies Handbook*, p. 23
23   Warren and David Wiersbe, *The Elements of Preaching*, p. 75.
24   C. H. Spurgeon, *Lectures to My Students*, p. 143.

## 5. ESCRIBA LA CONLCUSIÓN

- **Céntrese claramente en el tema central del sermón ("la idea grande"[25]).**

- **La conclusión no debe ser tan larga.**

- **Algunas veces incluirá una recapitulación de sus puntos principales y una repetición de su tema central.**

- <u>**Tiene que haber un llamado a responder al mensaje central del texto.**</u> Tenemos que ayudar a las damas y caballeros, a los niños de nuestras congregaciones a aplicar el mensaje a sus vidas. Hay tiempos cuando esto puede involucrar una apelación a las almas quienes están al frente nuestro. Como dijo un predicador: "Es una tragedia ver a pastores declarar la información del texto y sentarse. La buena predicación pide a la gente que responda a la Palabra de Dios".[26]

---

25  La "Gran Idea" es el término que Haddon Robinson ha usado para referirse al punto principal de un sermón.
26  John Piper, *The Supremacy of God in Preaching*, p. 95.

## REVISANDO LOS PASOS ACTIVOS
Al escribir su sermón

1. Escriba la proposición del tema de su sermón.

2. Escriba el esquema.

3. Re-escriba el esquema y llene los detalles (explicaciones, ilustraciones y aplicaciones).

4. Escriba la introducción.

5. Escriba la conclusión.

# ESCRIBIENDO EL MANUSCRITO DE SU SERMÓN Y ORANDO SOBRE ÉL

Hay dos asuntos finales muy importantes que debemos tocar: Escribir el manuscrito de su sermón y orar sobre él.

- **ESCRIBIENDO EL MANUSCRITO DE SUS SERMÓN**

   Escribir un manuscrito completo de nuestros sermones es de extremado valor para nosotros como predicadores. Nos ayuda a ser precisos en la expresión de nuestros pensamientos al escoger cuidadosamente nuestras palabras. También nos ayuda a administrar el tiempo que daremos a cada parte del sermón cuando lo vamos a predicar ante la gente.

   Después de haber escrito nuestro sermón, debemos leer nuestro manuscrito una y otra vez en privado. Queremos imprimir las palabras en nuestras mentes y corazones. Algunos han descubierto que la lectura de sus sermones en voz alta es muy beneficioso. Algunas veces esta lectura verbal nos ayudará a darnos cuenta que lo que hemos escrito no queda claro. Además, puede que reconozcamos que hemos usado las mismas palabras muchas veces, o que hemos repetido ciertas ideas de manera que nos es de ayuda. Entonces podemos hacer las correcciones necesarias.

   **Cuando llegue el momento de predicar, hay dos maneras en que usted puede usar efectivamente su sermón escrito.**

   1) Tome consigo su manuscrito, pero ordene su texto y resalte o subraye palabras clave y frases de tal manera que usted no lo lea. Es de mucha ayuda si este manuscrito está escrito dentro de la estructura del esquema.

   2) Tome consigo el esquema detallado de su sermón. Las notas incluidas en este esquema deben estar bien organizadas, muy claras, muy completas. Deben también incluir las transiciones, como por ejemplo: las oraciones que sirven de puente de un punto al siguiente. Aquellas <u>transiciones debe estar bien escritas</u> en sus notas.

- **ORANDO SOBRE SU SERMÓN**

   Siempre debemos orar sobre nuestros mensajes. John Stott ofrece estas palabras acerca de la extremada importancia de nuestra preparación en oración:

   Es de rodillas delante de Dios que podemos hacer nuestro el mensaje, poseerlo o re-poseerlo hasta que el sermón nos posea a nosotros. Luego, cuando lo prediquemos, ya no saldrá de nuestras notas, ni de nuestra memoria, sino de las profundidades de nuestra convicción, como una auténtica declaración de nuestro corazón… necesitamos orar hasta que, nuestro texto nos resulte vivo y fresco, la Gloria resplandezca desde él, el fuego arda en nuestro corazón, y empecemos a experimentar el explosivo poder de la Palabra de Dios dentro de nosotros … la presión empieza a agrandarse dentro de nosotros hasta que sintamos que no podemos contenerlo más. Es allí cuando estamos listos para predicar.[27]

---

[27] John Stott, p. 258.

# GRUPOS DE TRABAJO

## NOTAS PARA LOS MAESTROS/FACILITADORES

**Maestros y facilitadores,** sería de ayuda dividirse en grupos de trabajo en esta instancia y hacer que los estudiantes/delegados apliquen lo que han aprendido.

**Hojas de trabajo:** Por favor, asegúrese que cada estudiante tenga un juego de las cuatro hojas de trabajo que se enumeran líneas abajo, y que aún no hayan sido usadas.

1) **Estudio del Contexto** (Si usted escoge un pasaje de Filipenses, entonces usted y los estudiantes ya habrán completado estos trabajos juntos. Sin embargo, si usted escoge un pasaje de algún otro libro de la Biblia, los estudiantes necesitan utilizar la hoja de trabajo de la página 30 y poner por escrito sus descubrimientos.

2) **Escriba notas acerca de los detalles de cada versículo** (Es importante que usted como maestro/facilitador lea las instrucciones que se dan al final de esta hoja de trabajo en la página 31 y hacer que los estudiantes o delegados las lean también.)

3) **Lado A - El esquema y la idea principal del pasaje bíblico** (p. 32)

4) **Lado B - Proposición del tema y esquema de su sermón** (p. 33)

**Pasajes sugeridos:** En la página 36, usted encontrará algunos pasajes sugeridos para sus grupos de trabajo.

## ESTUDIANDO EL CONTEXTO

1. **¿Qué tipo de literatura es ésta?** (Ley, epístola, parábola, historia, poesía, profecía, proverbios, oración, discurso, escrito apocalíptico, o alguna otra forma?)

2. **¿Cuál es la situación histórica?**

    a) ¿Quién es el autor (orador)?

    b) ¿Dónde está el autor (orador) en el momento de escribir? ¿Cuáles eran sus circunstancias personales mientras escribía/hablaba?

    c) ¿Quiénes eran los lectores (oyentes)?

    d) ¿Dónde estaban los lectores? ¿Cuáles eran las circunstancias personales de los lectores (oyentes) en el tiempo de este escrito o discurso?

    e) ¿Cuál era el propósito del autor? ¿Estaba confrontando ciertos problemas? ¿Eran problemas circunstanciales?

    f) ¿Que sabemos acerca de la relación entre el autor (orador) y los lectores (oyentes)? ¿Hay algo que podemos aprender de esa relación desde el libro en el cual aparece nuestro pasaje? ¿O, desde otros libros de la Biblia?

    g) ¿Qué podemos descubrir acerca del ambiente social, político, económico y cultural a partir de los lectores y del autor?

3. **¿Qué hay antes y después del pasaje bíblico que estoy estudiando?**

*(Use el reverso de esta página si lo necesita para escribir respuestas a cualquiera de las preguntas anteriores. En sus estudios futuros, si no tiene copias de este formato, por favor considere escribir las preguntas y respuestas a mano.)*

© Rev. Dr. Rodney Wood, July 18, 2007

# ESCRIBA NOTAS DE LOS DETALLES DE CADA VERSÍCULO

V. _____

1) Verbos

2) Frase central

3) Palabras clave

4) Palabras de enlace o conectoras

5) ¿Qué preguntas están siendo respondidas por el autor/orador para sus lectores/oyentes? (¿Cómo, qué, por qué, cuándo, dónde y quién?)

6) ¿Qué preguntas tengo? Y ¿qué preguntas podrían tener los miembros de la congregación? (¿Cómo, qué, por qué, cuándo, dónde y quién?)

V. _____

1) Verbos

2) Frase central

3) Palabras clave

4) Palabras conectoras

5) ¿Qué preguntas están siendo respondidas por el autor/orador para sus lectores/oyentes? (¿Cómo, qué, por qué, cuándo, dónde y quién?)

6) ¿Qué preguntas tengo? Y ¿qué preguntas podrían tener los miembros de la congregación? (¿Cómo, qué, por qué, cuándo, dónde y quién?)

Nota: **1) Por favor, escriba a mano el formulario anterior en sus hojas en blanco al estudiar cada versículo de su pasaje bíblico**. En el estudio de las distintas formas de literatura bíblica (por ejemplo: historia, parábolas, leyes y proverbios), su proceso será un poquito diferente. Sin embargo, este método de análisis versículo por versículo será aplicable a muchos pasajes que usted quiera estudiar. **2) Luego de completar los seis pasos de análisis por cada versículo** (como se ha mostrado anteriormente), ahora estudie todos los versículos en el pasaje y escriba las definiciones, listas, contrastes, comparaciones, causa y efecto, metáforas, sorpresas, grandes temas de la Biblia y referencias cruzadas.

© Rev. Dr. Rodney Wood, July 18, 2007

## LADO A – ESQUEMA Y LA IDEA PRINCIPAL DEL PASAJE BÍBLICO

**Referencia bíblica:** _____

**El esquema del pasaje:** ¿Que dijo el autor *acerca* de lo que estaba diciendo? ¿Qué dijo acerca de la idea principal? Por favor, utilice oraciones completas para formular lo que el autor dijo. Aunque no siempre, con frecuencia estas oraciones incluirán palabras que salen directamente del texto bíblico. Más abajo les damos un esquema con cuatro números romanos, pero usted puede tener más o menos puntos principales. El número de puntos principales varían dependiendo del pasaje que se estudie. Usted puede también añadir sub-puntos bajo cada punto principal, como por ejemplo: A, B, C, y 1, 2, 3, etc. Para cada sub-punto escriba oraciones completas y escriba los números de los versículos correspondientes al final de cada oración. Recuerde que usted está escribiendo lo que el autor dijo a sus oyentes.

I. (V. _____)




II. (V. _____)




III. (V. _____)




IV. (V. _____)




Idea principal del pasaje: ¿Qué quiso decir el autor/orador a sus oyentes en aquel tiempo? Por favor, responda a esta pregunta en una oración completa, clara y concisa. Puede incluir el nombre del autor/orador bíblico y su(s) oyente(s)/orador(es) en la oración. Por ejemplo: Moisés estaba diciendo (o advirtiendo, recordando, exhortando, etc.) a los hijos de Israel ...

_____

_____

_____

© Rev. Dr. Rodney Wood, Limuru Kenya, 2005.

## LADO B – PROPOSICIÓN DEL TEMA Y ESQUEMA DEL SERMÓN

**Referencia bíblica:** _____

**Proposición del tema de su sermón:** ¿Que va a decir usted a su audiencia? **Por favor, responda a esta pregunta en una oración clara**, concisa y completa, que este en tiempo presente y que use pronombres personales.

_____

_____

_____

**El esquema de su sermón:** ¿Que va a decir acerca de lo que está diciendo? ¿Qué va usted a decir acerca de la idea que ha expresado en la proposición del tema líneas arriba? por favor, use oraciones completas. (Puede añadir frases memorables breves que sean de ayuda a sus oyentes. Sin embargo, primero escriba oraciones completas). Más abajo les damos un esquema con cuatro números romanos, pero usted puede tener más o menos puntos principales. El número de puntos principales varían dependiendo del pasaje que va a predicar. Usted puede también añadir sub-puntos bajo cada punto principal, como por ejemplo: A, B, C, etc. Para cada sub-punto escriba oraciones completas. Esto asegurará la clara expresión de la idea que usted quiere comunicar desde cada sección del pasaje. Por favor escriba los números de versículos correspondientes al final de cada oración.

I. (V._____)

II. (V._____)

III. (V._____)

IV. (V._____)

© Rev. Dr. Rodney Wood, Limuru, Kenya, 2005

# ESTUDIANDO EL PASAJE BÍBLICO
## (LADO A)

**ESTUDIANDO EL CONTEXTO: Tres pasos activos**

**Escriba respuestas a las siguientes preguntas:**

1. ¿Qué clase de literatura esta ésta?
2. ¿Cuál es la situación histórica?
3. ¿Qué hay antes y después del pasaje bíblico que estoy estudiando?

**ESTUDIANDO EL CONTENIDO: Cuatro pasos activos**

1. **LEA EL PASAJE UNA Y OTRA VEZ, Y ORE A DIOS.**
2. **ESCRIBA NOTAS DE LOS DETALLES DE CADA VERSÍCULO.**

   - Identifique los verbos.
   - Localice la frase central.
   - Haga una lista de las palabras clave.
   - Identifique las palabras conectoras.
   - Pregunte: "¿Que preguntas está respondiendo el autor para sus lectores?" Use las seis preguntas: ¿Cómo? ¿Qué? ¿Por qué? ¿Cuándo? ¿Dónde? ¿Quién?
   - Pregunte, "¿Qué preguntas tengo (o podría tener la congregación) acerca de este versículo?" Nuevamente use las seis preguntas: ¿Cómo? ¿Qué? ¿Por qué? ¿Cuándo? ¿Dónde? ¿Quién?

   Después de completar éstos pasos para cada versículo, luego identifique definiciones, listas, contrastes, comparaciones, causa y efecto, metáforas, sorpresas, grandes temas de la Biblia y referencias cruzadas.

3. **ESCRIBA EL ESQUEMA.**

   - Identifique las "unidades de pensamiento", es decir, los versículos que forman un sólo grupo.
   - Escriba la idea central de cada unidad de pensamiento (grupos de versículos) en una oración completa.
   - Escriba los sub-puntos en oraciones completas. (Incluya el N° de versículo.)
   - Escriba cada punto en tiempo pasado y use nombres propios cuando sea apropiado.

4. **ESCRIBA LA IDEA PRINCIPAL.**

   - Use las seis preguntas: ¿Cómo? ¿Qué? ¿Por qué? ¿Cuándo? ¿Dónde? ¿Quién? para hacer su propio descubrimiento.
   - Algunas veces, la idea principal está claramente formulada en el texto.
   - Con frecuencia la idea principal no está explícitamente formulada, pero debe ser descubierta revisando cuidadosamente los puntos principales del esquema del pasaje.
   - Escriba la idea principal en una oración completa usando tiempo pasado y nombres propios.

© Rev. Dr. Rodney Wood, July 2007

# ESCRIBIENDO SU SERMÓN
## (LADO B)

**Cinco pasos activos:**

1. **ESCRIBA LA PROPOSICIÓN DEL TEMA DE SU SERMÓN.**

2. **ESRCRIBA EL ESQUEMA DE SU SERMÓN.**

   - Evite todo uso de nombres propios en el esquema, excepto los nombres de Dios.
   - En el esquema del sermón, no use verbos en tiempo pasado, use el tiempo presente.
   - En el esquema del sermón no use pronombres en tercera persona. (No use "ellos" "les", "ella", y "él". En su lugar use, "nosotros", "ustedes/vosotros", y "yo".)

   (Puede usted añadir títulos memorables y breves.)

3. **RE-ESCRIBA SU ESQUEMA Y LLENE LOS DETALLES DE SU SERMÓN.**

   - Añada explicaciones y referencias cruzadas (Vea sus notas de estudio personal.)
   - Añada ilustraciones.
   - Añada aplicaciones.

   > ¿Hay un <u>PECADO</u> a confesar?
   > ¿Hay una <u>PROMESA</u> a invocar?
   > ¿Hay un <u>EJEMPLO</u> a seguir o no seguir?
   > ¿Hay un <u>MANDATO</u> a obedecer?
   > ¿Hay <u>CONOCIMIENTO</u> a entender y recordar?[28]

4. **ESCRIBA LA INTRODUCCIÓN.**

5. **ESCRIBA LA CONCLUSIÓN.**

**Habiendo completado su manuscrito,** *ore por su sermón.*

John Stott dice, "Es de rodillas delante del Señor que podemos hacer nuestro el mensaje, poseerlo o re-poseerlo hasta que el sermón nos posea a nosotros. Luego, cuando lo prediquemos, ya no saldrá de nuestras notas, ni de nuestra memoria, sino de las profundidades de nuestra propia convicción, como una auténtica declaración de nuestro corazón. . . . . necesitamos orar hasta que, nuestro texto nos resulte vivo y fresco, la gloria resplandezca desde él, hasta que el fuego arda en nuestro corazón, y empecemos a experimentar el explosivo poder de la Palabra de Dios dentro de nosotros ... la presión empieza a agrandarse dentro de nosotros hasta que sintamos que no podemos contenerlo más. Es allí cuando estamos listos para predicar".

© Rev. Dr. Rodney Wood, July 2007

---

[28] Adaptado de *The Navigator Bible Studies Handbook*, p. 23

## SUGERENCIA DE ALGUNOS PASAJES BÍBLICOS PARA LOS GRUPOS DE TRABAJO

Es muy importante que el maestro/facilitador seleccione previamente los pasajes bíblicos para los grupos de trabajo y que haya hecho su propio estudio personal. Debe haber completado todo el trabajo de acuerdo con los cuatro instrumentos que se han provisto: Estudio del contexto, Notas escritas de los detalles del pasaje, Lado A "el esquema y la idea principal del pasaje", y Lado B "proposición del tema y esquema de su sermón".

En lo que sigue se sugieren algunos pasajes bíblicos. Lo importante es que usted escoja pasajes que no sean tan largos de modo que puedan esquematizarse con facilidad a fin de que los estudiantes/delegados no se desanimen.

**Nuevo Testamento:**

Santiago 1:5-8
1 Pedro 2:9-12
1 Pedro 5:1-5
Colosenses 4:2-6
Filipenses 1:12-26
Filipenses 2:1-11
Filipenses 4:4-9
Efesios 2:1-10
Romanos 12:1-2
2 Timoteo 4:1-8
1 Tesalonicenses 2:1-12
Mateo 5:13-16

**Antiguo Testamento:**

Salmo 1
Salmo 32:1-5
Jeremías 1:1-10
Isaías 6:1-8 (Aunque el resto de esta pasaje, es decir los vv. 9-13 es una continuación de este encuentro entre Isaías y Dios, usted probablemente no deberá incluir estos versículos para el taller. Sera más manejable, por parte de los estudiantes/delegados, hacer el esquema solamente de los vv. 1-8.)

# APÉNDICE 1

## EJEMPLOS DE PROPOSICIÓN DEL TEMA DEL SERMÓN Y ESQUEMAS LADO B
### Para los maestros/facilitadores

En las páginas que siguen (pp. 38-43) hay algunos ejemplos de proposiciones del tema del sermón y esquemas (Lado B). Si usted selecciona algunos de estos textos para su taller, deberá entregar copias de estos ejemplos después que los estudiantes/delegados hayan concluido su trabajo y hayan hecho sus exposiciones. Usted notara que al final de cada punto principal y de cada sub-punto se dan los números de versículos. Esto se hace para asegurarse de que cada parte del esquema se ha obtenido directamente del pasaje bíblico sobre el cual se debe escribir el sermón.

Como se ha mencionado antes, pueden añadirse encabezamientos memorables para cada punto principal en el esquema del sermón. Sin embargo, estos ejemplos no concluyen tales encabezamientos. Deseamos enfatizar el hecho de que es esencial a su esquema de sermón oraciones claras, concisas y completas.

## Filipenses 1:12-26

**Proposición del tema:** Dios le está mostrando su buen propósito en todas sus circunstancias difíciles.

I. **Dios usará sus circunstancias difíciles para el progreso del evangelio.** (vv. 12-18)

   A. Dios le proveerá las oportunidades para que usted hable a la gente acerca de Jesús en medio de cada circunstancia difícil. (v. 13)
   B. Dios usará sus circunstancias difíciles para dar a otros el coraje de predicar el Evangelio. (v. 14)
   C. Dios usará a predicadores con motivos falsos, incluidos aquellos que le hieren personalmente, para proclamar Su Evangelio. (vv. 15-18)

II. **Dios usará sus circunstancias difíciles para hacerlo progresar espiritualmente.** (vv. 19-21)

III. **Hasta cuando Dios le permita vivir en este mundo, usted puede esperar que Él lo conduzca a una vida de servicio fructífera dentro de Su Pueblo.** (vv. 22-26)

   A. Mientras usted crece en su amor por Cristo, usted estará dividido entre el deseo de estar con Cristo y el deseo de permanecer aquí para server a Su Pueblo. (vv. 22-24)
   B. Mientras ministra al pueblo de Dios, usted debe tener la esperanza que ellos progresarán en su gozo y fe. (vv. 25-26)

# APÉNDICE 1  Un Ejemplo De Todo El Proceso

## Filipenses 2:1-11

**Proposición del tema:** Ustedes tienen que estar unidos siguiendo el ejemplo de humildad de Jesús.

I. **Nosotros tenemos que estar unidos. (vv. 1-2)**

   A. Tenemos todos los recursos espirituales que necesitamos para estar unidos. (v. 1)
      1. Tenemos "el estímulo de Cristo". (v. 1)
      2. Tenemos "el Consuelo de amor". (v. 1)
      3. Tenemos la "participación en el Espíritu". (v. 1)
      4. Tenemos el "afecto y la simpatía". (v. 1)

   B. Nuestra unidad da gozo a nuestros pastores. (v. 2)

   C. Ustedes deben estar unidos en todo. (v. 2)
      1. Nosotros debemos tener los mismos pensamientos el uno por el otro. (v. 2)
      2. Nosotros debemos tener el mismo amor. (v. 2)
      3. Nosotros debemos estar en un sólo espíritu. (v. 2)
      4. Nosotros debemos enfocarnos en un sólo propósito. (v. 2)

II. **Ustedes tienen que relacionarse con humildad.** (vv. 3-4)

   A. Nosotros tenemos que respetarse mutuamente. (v. 3)
   B. Nosotros tenemos que velar por los intereses mutuos. (v. 4)

III. **Usted y yo debemos seguir el ejemplo supremo de nuestro Señor Jesucristo.** (vv. 5-11)

   A. Nuestro Señor Jesucristo es Dios. (v. 6; ver también Juan1:1; 17:5)
   B. Nuestro Señor Jesucristo se despojó de ciertos privilegios divinos cuando se hizo hombre. (v. 6-7)
   C. Nuestro Señor Jesucristo se humilló hasta el punto de ser colgado en el lugar de maldición que nosotros merecíamos. (v. 8; ver también Gálatas 3:31, Deuteronomio 21:22-23)
   D. Dios ha exaltado a nuestro Señor Jesús hasta lo sumo. (v. 9-11; ver también 1 Pedro 5:6)

# Salmo 1

**Proposición del tema:** Si queremos experimentar la bendición de Dios, tenemos que escoger el modelo de vida de los hombres y mujeres piadosos que aman la Palabra de Dios.

I. **Hemos sido llamados a ser hombres y mujeres piadosos que aman la Palabra de Dios y a ser grandemente bendecidos.** (v. 1-3)

   A. Tenemos que evitar la influencia de gente impía. (v. 1)
      1. No debemos escuchar su consejo. (v. 1; cf. 1 Juan 2:15-17)
      2. 2. No debemos seguir su camino. (v. 1)
      3. 3. No debemos convertirnos en los que guían a otros en este mal camino. (v. 1; cf. Mat. 23:2)

   B. Tenemos que saturar nuestras vidas con la Palabra de Dios. (v. 2)
      1. Debemos deleitarnos en la Palabra. (v. 2; cf. Jeremías 15:16)
      2. Debemos meditar en la Palabra. (v.2; cf. Josué 1:8)

   C. Mientras escuchamos con obediencia a la Palabra de Dios, nuestras vidas serán grandemente bendecidas. (v. 3)
      1. Estaremos seguros: "Como el árbol plantado". (v. 3)
      2. Seremos bien nutridos y bien refrescados: "por corrientes de aguas". (v. 3)
      3. Seremos fructíferos: "Da su fruto a su tiempo". (v. 3; cf. Juan 15:16a, 27)
      4. Seremos llenos de vitalidad en toda circunstancia: "Su hoja no cae ni se seca". (v. 3; cf. 2 Cor. 4:8-9)
      5. Seremos prosperados: "Y todo lo que hace prosperará". (v. 3; cf. Juan 10:10)

II. **Tenemos que recordar que el malvado es cortado de la bendición de Dios ahora y siempre.** (v. 4-6)

   A. Recuerden que el malvado es llevado como tamo por el viento. (v. 4)
   B. Recuerden el destino final del malvado. (v. 5-6)

# APÉNDICE 1  Un Ejemplo De Todo El Proceso

## 1 Pedro 2:9-12

**Proposición del tema:** Como pueblo especial de Dios, nosotros tenemos que vivir" una vida santa.

I. **Nosotros quienes vivimos en Cristo, la piedra angular, somos un pueblo especial. (v. 9)**

   A. Nosotros somos una "raza escogida". (v. 9)
   B. Nosotros somos "un real sacerdocio". (v. 9)
   C. Nosotros somos "una nación santa". (v. 9)
   D. Nosotros somos "un pueblo escogido por Dios. (v. 9)

II. **Nosotros tenemos como propósito declara las alabanzas de aquel que nos llamó de las tinieblas a Su luz admirable.** (v. 9)

III. **Nosotros no teníamos identidad ni habíamos recibido misericordia, pero ahora somos pueblo de Dios y hemos recibido misericordia.** (v. 10)

IV. **Como nosotros ya no somos parte de la sociedad pagana que nos rodea, vivamos vidas santas".** (vv. 11-12)

   A. Nos abstengamos del pecado porque es destructivo para su alma. (v. 11)
   B. Vivamos una vida buena de modo que al mirar nuestras buenas obras, nuestros amigos perdidos se arrepientan y sean salvos. (v. 12)

## 2 Timoteo 4:1-8

**Proposición del tema:** ¡Terminen el ministerio al que Dios los ha llamado y reciban su gran premio!

I. **Hemos sido comisionados para el ministerio del Evangelio en la presencia del Dios viviente.** (v. 1)

   A. Somos comisionados en la presencia de Dios nuestro Padre. (v. 1)
   B. Somos comisionados en la presencia de Cristo Jesús. (v. 1)
      1. Cristo juzgará a todos los seres humanos. (v.1)
      2. Cristo volverá para establecer Su Reino. (v. 1)

II. **Dios nos ha dado una quíntuple función en nuestro servicio a Él.** (v. 2-5)

   A. Predica la palabra de Dios. (v. 2-4)
      1. Tenemos que predicar en todo tiempo y en todo lugar. (v. 2)
      2. Tenemos que predicar corrigiendo y estimulando. (v. 2)
      3. Tenemos que predicar con total paciencia. (v. 2)
      4. Tenemos que predicar con instrucción. (v. 2)
      5. Tenemos que predicar sin confabulación. (v. 3-4)
   B. Conservemos la sobriedad en todas las situaciones. (v. 5)
   C. Soportemos el sufrimiento. (v. 5; ver también 2 Timoteo 1:8; 2:3; 3:12)
   D. Evangelicemos a los perdidos. (v. 5)
   E. Cumplamos el ministerio que Dios nos ha dado. (v. 5; ver también 1 Cor. 12:4-7, 11)

III. **Podemos obtener esperanza viendo los testimonios de quienes han terminado bien su ministerio.** (v. 6-7)

IV. **Recibiremos un gran premio si perseveramos hasta el final.** (v. 8; ver también Mateo 16:27; Apocalipsis 22:12)

# APÉNDICE 1 Un Ejemplo De Todo El Proceso

## Jeremías 23:16-32

**Proposición del tema:** No pongan atención a los predicadores de ilusiones que predican paz y seguridad pero conducen al pueblo de Dios a mayores pecados.

I. **No hagan caso a los predicadores de sueños.** (v. 16-18)

   A. Ellos alimentarán vuestras falsas esperanzas porque hablan de visiones de paz y seguridad de sus propias cabezas. (v. 16)
   B. Ellos continuamente hablarán palabras de paz y seguridad aun cuando el pueblo de Dios viva en pecado. (v. 17)
   C. Ellos no se ha parado ante el Consejo Divino para recibir el mensaje de Dios. (v. 18)

II. **La ira de Dos le llegará a cada falso predicador.** (v. 19-20)

   A. La ira de Dios les llegará con la violencia de un huracán. (v. 19)
   B. La ira de Dios no se retirará hasta que haya cumplido todo lo que está almacenado en su corazón. (v. 20)
   C. En los últimos días todos ustedes lo entenderán mejor. (v. 20)

III. **Dios declara que estos predicadores no son de Él.** (v. 21-22)

   A. Dios no los ha enviado ni les ha hablado, pero de todas maneras ellos van y predican. (v. 21)
   B. Si ellos hubieran estado parados ante el Consejo Divino, entonces estarían predicando la Santa Palabra de Dios y llamándonos a todos al arrepentimiento cuando estamos en pecado. (v. 22)

IV. **Dios, que ve y oye a estos falsos predicadores está contra ellos.** (v. 23-32)

   A. Estos predicadores no están fuera de la vista, ni del oído, ni del alcance de Dios. (v. 23-25)
   B. Aunque Dios esta airado con estos predicadores, sin embargo aún los tolera. (v. 26)
   C. Dios sabe que el propósito los falsos predicadores es hacer que ustedes se olviden de Él. (v. 27)
   D. Dios llama a Sus predicadores a predicar Su Palabra, la cual es como fuego consumidor y como una comba que deshace las rocas. (v. 28-29)
   E. Dios está en contra de estos predicadores que hurtan sus mentiras tontas unos de otros y no procuran el bien del pueblo de Dios. (v. 30-32)

# APÉNDICE 2

## UN EJEMPLO DE TODO EL PROCESO
### Desde el texto bíblico hasta el manuscrito del sermón

En las siguientes páginas usted verá un ejemplo de todo el proceso que ha estudiado. Nuestro trabajo con el texto de Filipenses 4:4-9 incluirá:

1. Estudio del contexto (la misma información que está en las pp. 7-9)
2. Escriba notas sobre los detalles de cada versículo
3. Lado A – El esquema y la idea principal del pasaje bíblico
4. Lado B – La proposición del tema y el esquema de su sermón
5. El manuscrito del sermón

## Filipenses 4:4-9

⁴ Regocijaos en el Señor siempre. Otra vez *lo* diré: ¡Regocijaos! ⁵ Vuestra bondad sea conocida de todos los hombres. El Señor está cerca. ⁶ Por nada estéis afanosos; antes bien, en todo, mediante oración y súplica con acción de gracias, sean dadas a conocer vuestras peticiones delante de Dios. ⁷ Y la paz de Dios, que sobrepasa todo entendimiento, guardará vuestros corazones y vuestras mentes en Cristo Jesús. ⁸ Por lo demás, hermanos, todo lo que es verdadero, todo lo digno, todo lo justo, todo lo puro, todo lo amable, todo lo honorable, si hay alguna virtud o algo que merece elogio, en esto meditad. ⁹ Lo que también habéis aprendido y recibido y oído y visto en mí, esto practicad, y el Dios de paz estará con vosotros.

# Estudiando el contexto
(Usar la Biblia como su única fuente de información)
## Trabajando un Ejemplo
Filipenses 4:4-9

(**Nota para el maestro/facilitador:** el a cada estudiante una copia de la hoja de trabajo que está en la página 30, titulada "Estudiando el contexto". Mientras esté reunido en el grupo grande, pídale a uno del grupo que lea Filipenses 4:4-9. Luego guie a los estudiantes a través de las preguntas que están en la hoja de trabajo, <u>permitiéndoles descubrir y compartir sus respuestas con todo el grupo</u>. En las notas que siguen líneas abajo, se proveen las respuestas. No les entregue las respuestas de manera anticipada. Ayude a los estudiantes a hacer su propios descubrimientos, y hágales escribir las respuestas que se les da en la hoja de trabajo.)

1. **¿Qué tipo de literatura es esta?** (Ley, epístola, parábola, historia, poesía, profecía, proverbios, oración, discurso, apocalíptica, o alguna otra clase?)

    Filipenses es una epístola.

2. **¿Cuál es la situación histórica?**

    a) **¿Quién es el autor?**

    - Los remitentes son Pablo y Timoteo. (Fil. 1:1)
    - El autor es Pablo. (Fil. 1:3 "Yo"; 1:4 "mi"; 1:6 "Yo", y también a través de toda la epístola)
    - Pablo era un ciudadano romano. (Hechos 16:37-39) Él era un mensajero especial de Dios para los Gentiles. (Hechos 9:15) (Maestro/Facilitador: Claro que hay mucho más que podemos aprender acerca del apóstol Pablo de otras partes de la Escritura, pero no procuraremos dicha información en este ejercicio.)

    b) **¿Dónde estaba el autor al escribir esta epístola? ¿Cuáles eran sus circunstancias personales al momento de hablar-escribir?**

    - Estaba en la prisión (Fil. 1:7, 13)
    - ¿Dónde estaba ubicada la prisión? En Roma (Fil. 1:13 la "guardia imperial" 4:22 "los de la casa de Cesar")

    c) **¿Quiénes eran los lectores de esta epístola?**

    - "Todos los santos... que están en Filipo, con los obispos y diáconos" (Fil. 1:1)
    - Habían gentiles en esta congregación. Por ejemplo, Lidia y su casa (Hechos 16:14-15) y el carcelero con su casa. (hechos 16:27-34)
    - Habían judíos en la iglesia, algunos de los cuales trataban de imponer la Ley ceremonial del Antiguo Testamento sobre los creyentes de Filipo. (Fil. 3:2-3)

# APÉNDICE 2  Un Ejemplo De Todo El Proceso

**d) ¿Dónde estaban los lectores de esta epístola? ¿Cuáles eran sus circunstancias personales cuando Pablo escribió esta epístola?**

- Filipo era una colonia romana (Fil. 1:1) – era la principal ciudad en Macedonia. (Hechos 16:12)
- Estaban sufriendo. (Fil.1:28-30)
- Como ya se ha notado antes, ellos estaban bajo presión de ciertos judíos en la congregación para que observaran las leyes ceremoniales del Antiguo Testamento. (Fil. 3:2-3)

**e) ¿Cuál era el propósito del autor? ¿Estaba confrontando ciertos problemas? ¿problemas teológicos? ¿problemas interpersonales? ¿problemas circunstanciales?**

**Propósitos generales**: 1) expresar su gratitud, gozo y confianza en la obra de Cristo en y mediante ellos así como su propio gran afecto por ellos (Fil. 1:3-8); 2) Comunicarles su gratitud por la generosidad de ellos hacia él (4:15-17); 3) Llamarlos a experimentar gozo todo el tiempo. (4:4; el "gozo" se menciona en toda la epístola.)
**Problemas de interpersonales** – 1) Predicadores con motivos inapropiados (1:15); 2) Falta de unidad (1:27, 2:2, 4:2-3); y 3) Preocupación acerca de Epafrodito. (2:25-30)
**Problemas teológicos** – El legalismo impuesto por los judaizantes. (3:1-11)

**f) ¿Qué sabemos acerca de la relación entre el autor y los lectores?**

**A partir de la Epístola a los Filipenses**

- Pablo oraba por ellos todo el tiempo con acción de gracias en su corazón y con confianza en la obra de Dios en sus vidas. Tenía un profundo afecto por ellos. (1:3-8)
- Pablo tenía la esperanza de enviar muy pronto a Timoteo para que les visite. El mismo también tenía la esperanza de visitarlos pronto. (2:23-24)
- Pablo habla de algunos de ellos como colaboradores en su ministerio. (4:2-3)
- Los filipenses habían enviado a Pablo donativos cuando estaba en necesidad. (4:18)

**A partir de Hechos 16:11 – 17:1**

- Pablo y Silas eran misioneros a Filipo y vieron la conversión de Lidia y su casa durante el nacimiento de esta Iglesia. (16:11-15)
- Pablo y Silas fueron encarcelados debido a que liberaron a una sierva de la posesión demoníaca. (16-24)
- El carcelero de Filipo y toda su familia fueron convertidos. (25-34)
- Pablo y Silas fueron liberados de la prisión y luego fueron a casa de Lida para animar a los creyentes antes de partir hacia Tesalónica. (16:35-17:1)

**g) ¿Qué podemos descubrir acerca del ambiente social, político, económico y cultural a partir de los lectores y del autor?**

- Los lectores y el autor vivían bajo el gobierno romano. (Fil. 1:13; 4:22)
- Era un tiempo de persecución. (1:7, 13, 29-30)

**3. ¿Qué hay antes y después del pasaje bíblico que estoy estudiando?**

**¿Inmediatamente antes?** En Filipenses 4:1-3, Pablo estaba tratando el conflicto entre Evodia y Síntique. Ese conflicto les estaba impidiendo regocijarse siempre.

**¿Inmediatamente después?** En Filipenses 4:10-19, Pablo está expresando su gratitud por la generosidad de los filipenses hacia él. Él dice también que ha aprendido a estar contento en toda circunstancia. Pablo les había dicho en el versículo 6 que no deben estar ansiosos, y en los vv. 10-19, él está declarando su propia libertad de la ansiedad en cuanto a la provisión de sus necesidades diarias.

**¿En el libro?** En toda esta epístola a los filipenses, varias veces Pablo menciona el "gozo". Pablo desea que nada impida a los filipenses de experimentar gozo en Cristo. En cada capítulo queda obvio que él tiene un profundo deseo de verlos progresando espiritualmente. Les dice con toda claridad en el capítulo 1:25: "Y convencido de esto sé que permaneceré y continuaré con vosotros para vuestro progreso y gozo en la fe".

**¿En el testamento donde se encuentra nuestro pasaje?** El gozo de Cristo es un tema central en todo el Nuevo Testamento. En Juan 16:22, Jesús les dijo a Sus discípulos, ". . . sus corazones se regocijarán, y nadie podrá quitarles este gozo". En el versículo 24 de aquel mismo capítulo, Jesús dice, "Pedid y recibiréis, para que vuestro gozo sea completo".

**¿En toda la Biblia?** El gozo es un tema que puede verse en toda la Biblia. **Tanto en el Antiguo como en el Nuevo Testamentos, vemos que hemos sido hechos para experimentar gozo en nuestra relación con Dios. En el Salmo** 35:9, David dice, "Y mi alma se regocijará en el SEÑOR; en su salvación se gozará". En Isaías 61:10, el profeta dice, "En gran manera me gozaré en el SEÑOR, mi alma se regocijará en mi Dios". En Apocalipsis 19:7, encontramos que el gozo será siempre el gran y mayor tema en los corazones del Pueblo de Dios. La gran multitud en el cielo dice, "Regocijémonos y alegrémonos, y démosle a Él la gloria, porque las bodas del Cordero han llegado y su esposa se ha preparado".

# APÉNDICE 2   Un Ejemplo De Todo El Proceso

## Escriba notas de los detalles de cada versículo
### Filipenses 4:4-9

**(Nota para el lector de este ejemplo:** Las respuestas, a la pregunta 6 para cada uno de estos versículos, líneas abajo, no reflejan la totalidad de mi estudio de estos versículos. Usted deberá escribir muchas notas en esta sección. Cuando haya terminado su trabajo, usted tendrá muchas más notas de las que realmente usará para escribir su sermón.)

**V. 4**

1) **Verbos** – Regocijar, decir
2) **Frase central** – "Regocijaos en el Señor"
3) **Palabras clave** – siempre
4) **Palabras de enlace o conectoras** – ninguna
5) **¿Qué preguntas están siendo respondidas por el autor/orador para sus lectores/ oyentes?** (¿Cómo, qué, por qué, cuándo, dónde y quién?)

   - ¿Qué deben hacer los filipenses? "regocijarse".
   - ¿Cuándo deben regocijarse? "siempre".
   - ¿En quién deben regocijarse? "en el Señor".

6) **¿Qué preguntas tengo? Y ¿qué preguntas podrían tener los miembros de la congregación?** (¿Cómo, qué, por qué, cuándo, dónde y quién?)

   - ¿Por qué Pablo da este mandato de regocijarse dos veces?

   Probablemente se debe a que él dijo que se regocijen "siempre".

   En los vv. 29-30 del capítulo 1, Pablo había escrito acerca de su conocimiento del sufrimiento de ellos, de sus luchas. Aquí en el capítulo 4 les está diciendo "regocíjense siempre". Podría haberles parecido imposible para ellos. Así que con su corazón lleno de amor por los filipenses, Pablo repitió este mandato: ". . . nuevamente les digo, Regocijaos".

   - ¿Qué quiere decir Pablo cuando dice "en el Señor"?

   En el v.1, Pablo escribió: "Estad firmes en el Señor". En el v.2, le dijo a Evodia y a Síntique que estén en armonía la una para con la otra "en el Señor". Aquí en el v. 4, les dice a los filipenses que estén "regocijándose en el Señor".

   Estar "en el Señor" es estar en unión con Jesús, estar en una relación personal de amor con Él. Quien sigue a Cristo vive en un estado mental, emocional y espiritual en conexión con el corazón y la mente de Jesús.

   - ¿Cómo era posible que los filipenses se regocijen siempre?

   Ellos podían regocijarse siempre porque su regocijo debía ser "en el Señor". Esto era posible porque su regocijo tenía que ser un rebozo de su experiencia de la morada de Cristo en sus corazones. Jesús les prometió que estaría con ellos "siempre". Por lo tanto, ellos podían regocijarse siempre.

**Referencias cruzadas:**

> El SEÑOR tu Dios está en medio de ti,
> guerrero victorioso;
> se gozará en ti con alegría,
> en su amor guardará silencio,
> se regocijará por ti con cantos de júbilo. (Sofonías 3:17)

> Aunque la higuera no eche brotes, ni haya fruto en las viñas; *aunque* falte el producto del olivo, y los campos no produzcan alimento; *aunque* falten las ovejas del aprisco, y no haya vacas en los establos, con todo yo me alegraré en el SEÑOR, me regocijaré en el Dios de mi salvación. (Habacuc 3:17-18)

### V. 5

1) **Verbos** – sean conocidas
2) **Frase central** – "Vuestra bondad sea conocida delante de Dios"
3) **Palabras clave** – bondad (también traducida como caballerosidad, paciencia con otros)
4) **Palabras de enlace o conectoras** – ninguna
5) **¿Qué preguntas están siendo respondidas por el autor/orador para sus lectores/ oyentes?** (¿Cómo, qué, por qué, cuándo, dónde y quién?)

   - ¿Qué deben hacer los filipenses? Que "vuestra bondad sea conocida".
   - ¿Con quién deben ellos ser bondadosos? "con todos".
   - ¿Por qué deben ser bondadosos? Porque "el Señor está cerca".

6) **¿Qué preguntas tengo? y ¿qué preguntas podrían tener los miembros de la congregación? (¿Cómo, qué, por qué, cuándo, dónde y quién?)**

   - ¿Qué significa "el Señor está cerca?"

Pablo puede haber querido decir que Jesús estaba por venir pronto. O, puede haber estado haciéndoles recordar a los filipenses que el Señor estaba allí, presente con ellos.

### V. 6

1) **Verbos** – por nada estéis, sean dadas a conocer
2) **Frase central** – "Sean dadas a conocer vuestras peticiones a Dios"
3) **Palabras clave** – ansiosos, todo, oración, súplica, acción de gracias, peticiones
4) **Palabras conectoras** – sino, y con
5) **¿Qué preguntas están siendo respondidas por el autor/orador para sus lectores/ oyentes?** (¿Cómo, qué, por qué, cuándo, dónde y quién?)

   - ¿Qué deben hacer los filipenses? Que "por nada estéis afanosos".
   - ¿Qué deben hacer en lugar de estar ansiosos? Que "sean conocidas vuestras peticiones ante Dios".
   - ¿Cómo? "mediante oración y súplica con acción de gracias".
   - ¿Qué asuntos deben incluir éstos? "todos".

# APÉNDICE 2  Un Ejemplo De Todo El Proceso

6) **¿Qué preguntas tengo? y ¿qué preguntas podrían tener los miembros de la congregación?** (¿Cómo, qué, por qué, cuándo, dónde y quién?)

- ¿Qué significa estar ansioso?

- La ansiedad ha sido definida como "una dolorosa inquietud de la mente, una preocupación llena de temor".[29]

- ¿Por qué Pablo habla de "oración y súplica?" ¿Qué significa súplica?

    Súplica parece indicar que nos estamos acercando a Dios con nuestras necesidades y buscando su bendición.

    Referencia cruzada – 1 Pedro 5:7, "echando toda vuestra ansiedad sobre Él, porque Él tiene cuidado de vosotros".

- ¿Por qué Pablo les pide orar "con *acción* de gracias"?

    Es probable que Pablo los estuviera llamando a dar gracias a Dios por sus actos de bondad con ellos, tanto en el pasado, en el presente y en el futuro. Ellos debían agradecer a Dios por lo que Él ha hecho, por lo que estaba haciendo y por lo que iba a hacer.

    Agradeciendo a Dios por bendiciones en el pasado: Esto no sólo expresa la gratitud que se le debe, sino que también habría fortalecido la fe de los filipenses.

    Agradeciendo a Dios por lo que Él estaba haciendo en aquel momento con los filipenses: 1 de Tesalonicenses 5:18 dice, "Dad gracias a Dios en todo, porque ésta es la voluntad de Dios para con vosotros en Cristo Jesús". También en Efesios 5:20, Pablo dice que debemos "dar gracias siempre por todo a Dios el Padre, en el nombre de nuestro Señor Jesucristo". Al dar gracias a Dios en toda circunstancia, los filipenses estarían glorificando a Dios por declarar su confianza en Él. Ellos debían agradecer a Dios no porque tenían cierto placer por algún desastre, ya que ni Dios ni ellos tendrían placer en ese tipo de cosas. Más bien, al agradecer a Dios ellos estarían declarando su confianza en Él. Romanos 8:28 dice: "Porque sabemos que los que aman a Dios, todas las cosas les ayudan a bien, esto es a los que son llamados conforme a su propósito".

    Agradeciendo a Dios por lo que Él iba a hacer en el futuro: Al hacer esto, los filipenses estarían declarando su confianza que Dios iba a responder sus oraciones según su infinita sabiduría y bondad. En el versículo 19 de este capítulo, Pablo expresaba su propia confianza: "Y mi Dios les supla todas vuestras necesidades según las riquezas de su Gloria en Cristo Jesús".

**V. 7**

1) **Verbos** – sobrepasar, guardará
2) **Frase central** – "la paz de Dios guarde vuestros corazones y vuestras mentes"
3) **Palabras clave** – paz de Dios, en Cristo Jesús
4) **Palabras de enlace o conectoras** – y

---

29  Merriam-Webster Dictionary, s.v. "ansiedad", obtenido de www.merriam-webster.com.

**5) ¿Qué preguntas están siendo respondidas por el autor/orador para sus lectores/ oyentes?** (¿Cómo, qué, por qué, cuándo, dónde y quién?)

- ¿Qué les será dado a aquellos que oran? "la paz de Dios".
- ¿Cuán grande es esta paz? "sobrepasa todo entendimiento".
- ¿Qué hará la paz de Dios? "guardará vuestros corazones y mentes".
- ¿Para quién es? Para aquellos que están "en Cristo Jesús".

**6) ¿Qué preguntas tengo? Y ¿qué preguntas podrían tener los miembros de la congregación?** (¿Cómo, qué, por qué, cuándo, dónde y quién?)

- ¿Qué es la paz de Dios? Es aquel sentido de bienestar, aquel sentimiento de seguridad personal, aquella calma interna que llega al corazón del creyente cuando pone su confianza en Dios.

- ¿Por qué dice Pablo "vuestros corazones y mentes? ¿Cuál es la diferencia entre ambos? El corazón tiene que ver con las emociones y la voluntad. La mente tiene que ver con nuestros pensamientos.

**V. 8**

1) **Verbos** – es (usado 8 veces), pensar
2) **Frase central** – "en esto pensad"
3) **Palabras claves** – verdadero, todo lo digno, todo lo justo, todo lo puro, todo lo amable, todo lo honorable
4) **Palabras conectoras** – finalmente
5) **¿Qué preguntas están siendo respondidas por el autor/orador para sus lectores/oyentes?** (¿Cómo, qué, por qué, cuándo, dónde y quién?).

- ¿Que deben pensar los filipenses? Cosas que sean verdaderas, honorables, justas, puras, simpáticas, loables, excelentes y dignas de elogio.

**6) ¿Qué preguntas tengo? y ¿qué preguntas podrían tener los miembros de la congregación?** (¿Cómo, qué, por qué, cuándo, dónde y quién?)

- ¿Cómo los filipenses podrían "pensar acerca de estas cosas"? ¿Cómo podrían enfocar sus mentes en estos pensamientos piadosos?

  Mediante la renovación de su mente: Romanos 12:2 ". . . transformaos mediante la renovación de vuestra mente".

- ¿Cómo se producirá esta renovación?

  Mediante el Espíritu Santo: Tito 3:5 habla de la "renovación mediante el Espíritu Santo". Esta renovación empieza en la mente.

- ¿Cuál es la manera principal por medio de la cual el Espíritu renueva nuestras mentes?

  Mediante la Palabra de Dios, en Juan 17:17, Jesús oró por todos sus seguidores (incluyendo a todos los que viven hoy): "santifícalos en tu verdad, tu palabra es verdad".

# APÉNDICE 2  Un Ejemplo De Todo El Proceso

**V. 9**

1) **Verbos** – aprender, recibir, oír, ver, practicar, ser
2) **Frase central** – "esto practicad"
3) **Palabras claves** – Dios de paz
4) **Palabras conectoras** – y
5) **¿Qué preguntas están siendo respondidas por el autor/orador para sus lectores/oyentes?** (¿Cómo, qué, por qué, cuándo, dónde y quién?)

    - ¿Cómo obtuvieron la verdad de Pablo? "aprendisteis, recibisteis y oísteis y visteis en mí".
    - ¿Qué hará el Dios de paz? "estará con vosotros".

6) **¿Qué preguntas tengo? Y ¿qué preguntas podrían tener los miembros de la congregación?** (¿Cómo, que, por qué, cuándo, dónde y quién?)

    - ¿Qué quiere decir Pablo al usar estos cuatro verbos: aprender, recibir, oír y ver?

    Cuando él dice: "aprendisteis, recibisteis y oísteis" él está hablando de cosas que les había enseñado. Referencia cruzada: Santiago 1:22, "Pero sed hacedores de la Palabra, y no solamente oidores, engañándoos a vosotros mismos".

    Cuando dice "y visteis en mí", Pablo está llamándolos a seguir su ejemplo. Referencia cruzada – 1 Corintios 11:1, Pablo dice, "Sed imitadores de mí, como yo de Cristo".

## LADO A – El esquema y la idea principal del pasaje bíblico
## Filipenses 4:4-9

I. **Pablo mandó a los filipenses a regocijarse en el Señor siempre** (v. 4)

   A. Los filipenses debían regocijarse "siempre". (v. 4)
   B. Los filipenses debían regocijarse "en el Señor". (v. 4)

II. **Pablo les dijo a los filipenses que debían hacer cuatro cosas para que se regocijen en el Señor siempre.** (vv. 5-9)

   A. Tenían que ser bondadosos con todas las personas. (v. 5)
   B. No debían preocuparse acerca de nada, sino que debían orar por todo con oración de acción de gracias por todo. (vv. 6-7)
      1. Debían orar y dar gracias a Dios. (v. 6)
      2. Se les prometió que si oraban y daban gracias a Dios, Él los bendeciría con la paz. (v. 7)
   C. Ellos debían pensar pensamientos piadosos todo el tiempo. (v. 8)
   D. Ellos debían practicar lo que habían aprendido mediante la enseñanza y el ejemplo de Pablo y otros hombres piadosos que les habían ministrado. (v. 9)

**Idea principal del pasaje:** Para que los filipenses se regocijen en el Señor siempre, Pablo dijo que ellos debían ser bondadosos, de oración, gente de mente piadosa que practican lo que han aprendido mediante la enseñanza y ejemplo de Pablo de otros hombres piadosos.

# APÉNDICE 2 Un Ejemplo De Todo El Proceso

## LADO B – Proposición del tema y esquema del Sermón
## Filipenses 4:4-9

**Proposición del tema:** Para regocijarnos en el Señor siempre, debemos ser bondadosos con todos, orar por todo, pensar pensamientos piadosos todo el tiempo, y practicar lo que hemos aprendido mediante la enseñanza y ejemplo de hombres piadosos.

I. **Usted y yo hemos sido mandados a regocijarnos en el señor siempre.** (v. 4)

   A. Debemos regocijarnos "siempre". (v. 4)
   B. Lo podemos hacer porque nuestro regocijo es "en el Señor". (v. 4)

II. **Usted y yo debemos hacer cuatro cosas continuamente para regocijarnos en el Señor siempre.** (vv. 5-9)

   A. Debemos ser bondadosos con todas las personas. (v.5)
   B. No debemos preocuparnos, sino más bien, orar con acción de gracias por todo. (vv. 6-7)
      1. Debemos orar y dar gracias a Dios. (v. 6)
      2. Cuando oremos, Dios nos bendecirá con la paz. (v. 7)
   C. Debemos pensar pensamientos piadosos todo el tiempo. (v. 8)
   D. Debemos practicar lo que aprendemos mediante la enseñanza y ejemplo de hombres piadosos. (v. 9)

# APÉNDICE 2 Un Ejemplo De Todo El Proceso

## EL MANUSCRITO DEL SERMON
### "Regocíjense en el Señor siempre"
### Filipenses 4:4-9

(**Nota para los facilitadores/maestros:** Este sermón fue el último en una serie de mensajes sobre Filipenses. La palabra "transición" se incluye entre paréntesis, indicando que no debe ser dicha por el predicador. Las palabras que corresponden directamente a la aplicación (ej., lo que el oyente necesita saber, dejar de hacer, cambio y hacer) están en letra *cursiva* para que sean vistas con facilidad. Se espera que esto les ayude a observar las maneras en que he procurado emplear los principios dados en mi clase titulada "Aplicación de la Biblia" en la página 75.)

### INTRODUCCIÓN

En todo nuestro estudio de la epístola de Pablo a los filipenses, ha quedado claro que él tiene un profundo anhelo de que sus hermanos y hermanas en Filipos ¡sean gozosos seguidores de Cristo! Una y otra vez los llama a ¡experimentar alegría en Cristo! Y ahora al haber llegado al capítulo final, en el versículo 4, los escuchamos dando su más directo y su más ferviente llamado final ¡al regocijo!

**I. Usted y yo hemos sido mandados a regocijarnos siempre en el Señor.** (v. 4)

    **A. Debemos regocijarnos "siempre".**

        En el versículo 4, Pablo dice, "Regocijaos en el Señor siempre; otra vez os digo, regocijaos".

        Pablo ha dado este mandato anteriormente en la epístola, en el capítulo 2 versículo 18, y otra vez en el primer versículo del capítulo 3. Pero ahora lo expresa nuevamente ¡y lo dice dos veces! ¿Por qué lo dice dos veces?

        Probablemente se debe a que ha dicho que deben regocijarse "siempre".

        En los vv. 29-30 del capítulo uno, Pablo había escrito acerca de su conocimiento del sufrimiento de ellos, de sus luchas. Así que, con un corazón lleno de amor por los Filipenses, repite el mandato: "…¡nuevamente os digo, regocijaos!"

        (**Transición**) "Pero ¿cómo?" habrían preguntado ellos. Seguro que usted se estará preguntando lo mismo en esta mañana. "¿Cómo puedo regocijarme siempre? ¿Cómo puedo regocijarme en cualquier circunstancia, incluso en la peor circunstancia? ¿Cómo puedo hacerlo"?

    **B. Podemos hacerlo porque nuestro regocijo es "en el Señor".**

        Pablo dice, "Regocijaos <u>en el Señor</u>".

        Pablo, que había sufrido tanto por el Evangelio y que estuvo en prisión esperando su posible ejecución mientras escribía esta epístola, entendió que nuestro regocijo es "en el Señor".

        Pero, ¿qué quiere decir Pablo cuando dice "regocíjense <u>en el Señor</u>"?

Vamos a leer los versículos 1 y 2 en el capítulo 4, ustedes verán esta misma frase, "en el Señor". En el versículo 1, Pablo dice, "estad así firmes en el Señor". Luego en el versículo 2, Pablo llama a estas dos mujeres a estar en armonía la una con la otra "en el Señor".

Entonces, ¿Que significa esta frase? Estar "en el Señor" es estar en unión con Jesús, estar en una relación de amor con Él. *Al confiar en Su muerte sacrificial por nuestros pecados somos completamente perdonados, y somos llevados a una amistad personal con Cristo nuestro Rey que nunca termina ya que el Espíritu Santo vive en nosotros. Nosotros que somos seguidores de Cristo vivimos en un estado de bendición, de una conexión mental, emocional y espiritual al corazón y la mente de nuestro Señor.* Esto es lo que significa estar "en el Señor".

*De manera que podemos regocijarnos en el Señor siempre porque estamos "en el Señor".*

Sofonías 3:17 dice:

> El SEÑOR tu Dios está en medio de ti,
> guerrero victorioso;
> se gozará en ti con alegría,
> en su amor guardará silencio,
> se regocijará por ti con cantos de júbilo.

*Nos regocijamos en Él como escuchamos lo que disfruta sobre nosotros!*

Habacuc 3:17-18 dice:

> ¹⁷Aunque la higuera no eche brotes, ni haya fruto en las viñas; *aunque* falte el producto del olivo, y los campos no produzcan alimento; *aunque* falten las ovejas del aprisco, y no haya vacas en los establos, ¹⁸con todo yo me alegraré en el SEÑOR, me regocijaré en el Dios de mi salvación.

*Este es el regocijo al cual Pablo nos está llamando a usted y a mí. ¡Regocijándose siempre en el Señor!*

**(Transición)** Pero hay obstáculos. Hay obstáculos que pueden impedir, entorpecer nuestro regocijo en el Señor. Pablo estuvo consciente de estos obstáculos. Parece que él estuvo preocupado de ellos. En el capítulo 1, él estaba preocupado de que los filipenses pudieran llenarse de angustia y desmayen. Al inicio del capítulo 2, y nuevamente aquí en los primeros tres versículos del capítulo 4, vemos el obstáculo de la desarmonía en las relaciones. En la primera parte del capítulo 3, Pablo enfrenta el problema de confusión doctrinal introducido por falsos maestros que estaban conduciendo al pueblo hacia el legalismo. Y en el último párrafo del capítulo 3, Pablo advierte a los filipenses a no seguir la conducta deshonrosa de los impíos.

*Ansiedad y desmayo, desarmonía, confusión doctrinal, y conducta deshonrosa. Estos son algunas de las cosas que nos pueden impedir el regocijarnos en el Señor siempre.*

# APÉNDICE 2  Un Ejemplo De Todo El Proceso

**II. Usted y yo debemos hacer cuatro cosas continuamente para regocijarnos en el Señor siempre.** (vv. 5-9)

Aquí en el capítulo 4, en los versículos 5-9, Pablo nos dice que debemos ser bondadosos, orar y no preocuparnos, pensar buenos pensamientos, y practicar una vida piadosa.

### A. Debemos ser bondadosos con todas las personas. (v.5)

En el versículo 5, Pablo dice "Vuestra bondad sea conocida de todos los hombres. El Señor está cerca".

En algunas de las traducciones, en lugar de "bondad" aparece la palabra "caballerosidad" o posiblemente "razonabilidad". *Pablo nos está llamando a ser amables y pacientes en nuestro trato con todas las personas que nos rodean.*

Él nos da estas palabras de motivación: "El Señor está cerca". Puede que Pablo quiera decir que Jesús viene pronto. O quizá les estaba haciéndoles recordar a los filipenses que el Señor está aquí y ahora con ellos.

*Independientemente de lo que haya querido decir, lo importante para usted y para mi es recordar que nuestro ¡misericordioso y bondadoso Señor está cerca! Y eso debe motivarnos a relacionarnos con todas las personas en la misma manera que Cristo se relaciona con nosotros.*

*Al ser bondadosos los unos para con los otros, podemos superar el obstáculo de la desarmonía en nuestras relaciones de modo que podamos regocijarnos en el Señor. ¿Hay alguien hacia quien usted necesita mostrarle caballerosidad y paciencia?*

**(Transición)** debemos ser bondadosos y caballeros con las personas, y en segundo lugar:

### B. No debemos estar afanosos, sino que más bien debemos orar con acción de gracias por todo. (v. 6-7)

En los vv. 6-7, Pablo dice: "Por nada estéis afanosos; antes bien, en todo, mediante oración y súplica con acción de gracias, sean dadas a conocer vuestras peticiones delante de Dios. ⁷ Y la paz de Dios, que sobrepasa todo entendimiento, guardará vuestros corazones y vuestras mentes en Cristo Jesús".

*Afán. ¿Se afana usted mucho? Mucha gente acepta el afán como una parte normal de sus vidas.* Pero he escuchado que una persona fue un poco más allá.[30]

Esta persona tenía un amigo que le preguntó: "¿Por qué siempre te afanas por tantas cosas? ¿Acaso no sabes que el afán no te hace nada bien?"

La persona respondió: "Ah, si hace bien. Hace mucho bien. En efecto, yo diría que, al menos, el 95% de las cosas por las que me afano ¡nunca sucede!"

*Hermanos y hermanas, algunos de nosotros tenemos la inclinación por el afán, ¿no es verdad? Con mucha frecuencia vivimos en un estado de ansiedad.*

---

30  Creo que esta historia proviene de un sermón o libro escrito por John Stott, pero no estoy seguro de su fuente original.

La ansiedad ha sido definida como "una dolorosa intranquilidad de la mente; una preocupación temerosa".[31] Esta preocupación temerosa puede convertirse en tan severa que se hace insoportable. Durante un tiempo, podemos sumergirnos en la desesperanza, y empezar a sentirnos perdidos.[32] Y ¡el regocijo parece imposible!

**(Transición)** ¿Entonces qué podemos hacer?

### 1. Debemos orar y dar gracias a Dios. (v. 6)

**Primero, debemos orar.** En el v. 6, Pablo dice: "... en todo con oración y súplica... sean conocidas vuestras peticiones delante de Dios".

¡Oración! ¡Súplica! ¡Haga conocidas sus peticiones! *¡Hermanos y hermanas, tenemos que venir delante de Dios con todas nuestras necesidades!*

En 1 Pedro 5:7, él dice que usted debe "echar toda vuestra ansiedad sobre Él, porque Él tiene cuidado de vosotros".

**En el v. 6, vemos que debemos dar gracias.** Pablo dice: "mediante oración y súplica con acción de gracias".

*Esta acción de gracias involucra el pasado, presente y futuro. Agradecemos a Dios por lo que Él ha hecho, por lo que está haciendo, y por lo que hará.*

*Primero, el pasado. Al dar gracias a Dios por lo que ha hecho en el pasado, no sólo estamos expresando la gratitud que se le debe a Él, sino que al recordar las bendiciones del pasado, nuestra fe crece con respecto a nuestras necesidades del presente.*

*Segundo, le agradecemos por lo que está haciendo en el presente, reconociendo que Él ha permitido las circunstancias presentes por las que estamos orando. 1 Tesalonicenses 5:18 dice: "dad gracias en todo, porque esta es la voluntad de Dios para vosotros en Cristo Jesús". También en Efesios 5:20, Pablo dice que debemos estar "dando siempre gracias por todo, en el nombre de nuestro Señor Jesucristo".*

*Le agradecemos a Dios no en el sentido de que nos deleitamos en el desastre, porque ni Dios ni nosotros nos deleitamos en estas cosas. Más bien, al dar gracias, estamos declarando nuestra confianza en su promesa de Romanos 8:28 "Y sabemos que para los que aman a Dios, todas las cosas cooperan para bien, esto es, para los que son llamados conforme a su propósito".*

*Mediante nuestra acción de gracias, estamos expresando nuestra confianza en Dios que está llevando a cabo sus propósitos en nuestras situaciones presentes. Al hacer esto, estamos declarando nuestra confianza que Él va a responder nuestras oraciones conforme a su sabiduría y bondad infinitas. En el v. 19 de este capítulo, Pablo habla a los filipenses de esta confianza al decir "Y mi Dios proveerá a todas vuestras necesidades, conforme a sus riquezas en gloria en Cristo Jesús". Damos gracias al orar porque Cristo es nuestro proveedor.*

---

31 Merriam-Webster Dictionary, s.v. "ansiedad", versión consultada en Internet: www.merriam-webster.com.
32 Recuerdo haber leído el en algún lugar el comentario de Chuck Swindoll.

# APÉNDICE 2 Un Ejemplo De Todo El Proceso

*¿Cuánto tiempo usted y yo invertimos cada día en darle gracias a Dios? ¿Puedo sugerirles que ustedes tienen tres listas de acción de gracias? Una para las bendiciones y oraciones respondidas del pasado, otra para sus bendiciones y dificultades actuales, y una tercera será vuestra lista de oraciones cuya respuesta aún está esperando. Puede que usted no haya decidido escribir estas tres listas, pero ¿podría usted considerar dar gracias a Dios de este modo?*

**(Transición)** Ahora ¿Que acerca del resultado de su oración y de dar gracias? ¿Qué sucederá en nuestras vidas?

### 2. Cuando oramos y damos gracias, Dios nos bendecirá con su paz. (v. 7)

El versículo 7 dice: "Que la paz de Dios, que sobrepasa todo entendimiento, guarde vuestros corazones y sus mentes en Cristo Jesús".

*La paz que va más allá de nuestro entendimiento es el producto de la confianza. Nosotros tenemos confianza acerca del futuro porque hemos puesto nuestra confianza en Dios. Es esta confianza la que nos llena de paz. Estamos seguros. Estamos confiados.*

*Tanto nuestra oración como nuestra gratitud a Dios son expresiones de nuestra fe en Él, que Él va a hacer lo que es correcto. Nuestro temor se disipa. ¿De qué podemos temer?*

George Mueller fue un gran hombre de fe que vivía y ministraba en Inglaterra durante el Siglo XIX. Fue llamado por Dios para proveer hogar, comida y educación a miles de huérfanos sin jamás pedir dinero a nadie. El Sr. Mueller dijo: "El principio de la ansiedad es el final de la fe. El principio de la verdadera fe es el final de la ansiedad".

*Hermanos y hermanas, tengan fe. Oren y den gracias a Dios, ¡y eso será el final de la ansiedad!*

*Al ser liberados de la preocupación de la desesperación, usted estará en la capacidad de tener libre comunión con su Señor. Usted escuchará el sonido de su voz regocijándose sobre usted, y su voz llenará su corazón con gozo!*

**(Transición)** Debemos ser razonables con todos, ore por cada cosa, y:

### C. Debemos pensar pensamientos piadosos todo el tiempo. (v. 8)

En el vehículo 8, Pablo dice: "Por lo demás, hermanos, todo lo que es verdadero, todo lo digno, todo lo justo, todo lo puro, todo lo amable, todo lo honorable, si hay alguna virtud o algo que merece elogio, en esto meditad".

*Debemos permitir a nuestras mentes descansar sobre pensamientos piadosos para vencer la confusión doctrinal la cual, como hemos dicho, era el problema que Pablo estaba confrontando en el capítulo 3. Además, el pensar acerca de cosas piadosas nos ayudará a vencer otros obstáculos que nos impiden regocijarnos. Si llenamos nuestras mentes con pensamientos que son verdaderos, nobles, puros, amables y admirables, estaremos en la capacidad de tener armonía en nuestras relaciones, y tendremos muestras mentes y corazones que sean puros y limpios.*

*Pero, ¿cómo podemos hacer esto? En Romanos 12:2, pablo dice "...Transformaos mediante la renovación de vuestra mente". Y, ¿Cómo se produce esta renovación?*

Por medio de la obra del Espíritu Santo, Tito 3:5 habla de la "renovación por medio del Espíritu". Algunos han explicado que esta renovación empieza en la mente.

¿Cuál es el medio principal que usa el Espíritu para renovar nuestras mentes? La palabra de Dios. En Juan 17:17, Jesús oró por todos sus seguidores, incluyéndonos a usted y a mí, diciendo: "Santifícalos en tu verdad, tu palabra es verdad".

*Al leer, estudiar, memorizar y meditar en la Palabra de Dios, el Espíritu Santo usará su Palabra para renovar nuestras mentes.*

*¿Estamos permitiendo que nuestras mentes sean renovadas? ¿Estamos viviendo con pensamientos piadosos? ¿En qué está pensando a través del día? ¿Qué es lo que lo entretiene durante las noches? ¿Qué programas de televisión ve usted? ?Que tipo de música escucha usted? ¿Qué tipo de literatura lee usted? ¿De qué habla usted con su familia y sus amigos? ¿Se involucra usted en conversaciones piadosas? ¿Lee usted buenos libros? ¿Está usted pensando en cosas con las que Dios se deleita? ¿Está usted pensando en cosas que son excelentes y dignas?*

*Mediante el obrar del Espíritu Santo a través de la Palabra de Dios podemos pensar pensamientos piadosos.*

**(Transición)** Debemos ser bondadosos con todos, orar por todo, pensar pensamientos piadosos, y...

**D. Debemos practicar lo que aprendemos mediante la enseñanza y ejemplos de hombres piadosos (v.9).**

En el versículo 9, escuchamos a Pablo decir: "Lo que también habéis aprendido y recibido y oído y visto en mí, esto practicad, y el Dios de paz estará con vosotros".

Cuando él dice, "aprendido y recibido y oído", está hablando de cosas que les ha enseñado.

*¿Y qué en cuanto a usted? ¿Qué enseñanzas han recibidos de otros? ¿Está usted practicando lo que se le ha enseñado? Santiago 1:22 dice: "Pero sed hacedores de la palabra, y no solamente oidores, engañándoos a vosotros mismos". Sed hacedores de lo que usted ha escuchado.*

Por favor, miren otra vez el versículo 9. Pablo les dice también a los filipenses que practiquen lo que han "visto" en él. Ellos tenían que seguir su ejemplo.

*¿Quiénes son los hombres piadosos cuyo ejemplo usted imitará? En 1 Corintios 11:1, Pablo dice: "Sed imitadores de mí, como también yo lo soy de Cristo". ¡Imitemos a los piadosos!*

*Si usted practica lo que se le ha enseñado y sigue los ejemplos de personas piadosas, usted podrá vencer los obstáculos y la conducta deshonrosa.*

Además, en el versículo 9, Pablo nos da esta promesa: "El Dios de paz esté con vosotros". Usted será bendecido con la presencia del Dios de Paz. Usted conocerá que Él está con usted.

## CONCLUSIÓN

*Vuestro Padre celestial lo ha llamado a usted a una vida de gozo en su Hijo. ¡Usted debe regocijarse todo el tiempo!*

*Y ¿cómo puede usted experimentar este gozo constante?¡Siendo bondadoso con todos, orando por todo y no preocupándose de nada, pensando pensamientos piadosos todo el tiempo, y practicando una vida piadosa.*

*¡Regocíjense, mis hermanos y hermanas! ¡Nuevamente les digo regocíjense! ¡Regocíjense en Jesús!*

# LECCIONES ADICIONALES
## Hermenéutica y Aplicación.

# HERMENEUTICA
## (Principios de Interpretación)

(**Nota para el maestro/facilitador:** Puede que usted quiera incluir algunos ejemplos bíblicos y añadir algunas de sus propias explicaciones y citas, pero ello podría requerir que usted enseñe estos principios en más de una lección. Lo que sigue solo es un sondeo muy conciso.)

En las dos primeras clases de este libro pusimos la atención sobre la tarea de la exégesis, e incluimos la siguiente definición de dicho término: "La exégesis es el estudio cuidadoso y sistemático de la Biblia para descubrir el significado original que el autor quiso comunicar".[33] Sin embargo, aún no hemos hablado de la hermenéutica.

**La Hermenéutica** es un término que se deriva del verbo griego que significa "interpretar". La hermenéutica bíblica ha sido definida como "el estudio de los principios que conciernen a la interpretación de las Sagradas Escrituras".[34]

Necesitamos principios, directrices para realizar el trabajo exegético. "Una sólida hermenéutica es la raíz de toda buena exégesis, y la exégesis es el fundamento de la verdadera predicación bíblica".[35]

Existe un gran abismo entre el intérprete y los escritos bíblicos que trata de interpretar. Este abismo es histórico, cultural, lingüístico, geográfico y filosófico. Por eso son necesarias ciertas reglas para cerrar este abismo.[36]

Solamente veremos algunos de los principios de interpretación más importantes. Aquellos en los cuales nos enfocaremos pueden aplicarse a toda la Biblia. Hay otros principios que son esenciales para la interpretación de tipos específicos de literatura bíblica, pero no los vamos a estudiar en esta oportunidad.

**Principios Generales**

- **La Biblia es la Palabra de Dios inerrante e infalible.**

    Un correcto entendimiento de la Biblia empieza con un entendimiento que esta colección de libros es, en verdad, la Palabra de Dios. Nuevamente los dirigimos a los siguientes pasajes:

    Pero ante todo sabed esto, que ninguna profecía de la Escritura es *asunto* de interpretación personal, [21] pues ninguna profecía fue dada jamás por un acto de voluntad humana, sino que hombres inspirados por el Espíritu Santo hablaron de parte de Dios. (2 Pedro 1: 20-21)

    Toda Escritura es inspirada por Dios y útil para enseñar, para reprender, para corregir, para instruir en justicia. (2 Timoteo 3:16)

---

33  Gordon Fee y Douglas Stuart, *How to Read the Bible for All Its Worth*, p. 19.
34  Bernard L. Ramm, et al, *Hermeneutics*, p. 10.
35  Ibid, p.8.
36  Ibid, p. 9.

En el Arítículo VI de la Declaración de Chicago sobre la Inerrancia Bíblica leemos lo siguiente:

> Afirmamos que toda la Escritura, en todas sus partes, hasta las propias palabras del original fueron dadas mediante inspiración divina.[37]

- **La Palabra de Dios es clara y entendible.**

Aquellos asuntos de la Biblia que son esenciales para la salvación pueden ser entendidos por todos. (El término técnico es "perspicuidad".) Sin embargo, al estudiar toda la Biblia, encontramos que algunos pasajes no se entienden fácilmente como otros. Pero, luego descubrimos que lo que no es claro en un pasaje de la Biblia, con frecuencia es aclarado por otros pasajes.[38] De manera que examinamos los pasajes claros para interpretar aquellos que nos parecen difíciles.

- **En la Biblia, se nos muestra la revelación progresiva.**

La idea de la revelación progresiva es que "la revelación de Dios no se dio toda a la vez, sino en el curso de muchos siglos a medida que se desarrollaba la historia de la redención durante el transcurso de la historia la revelación progresaba desde los inicios del Antiguo Testamento hasta la plenitud del Nuevo Testamento".[39] La revelación progresiva se refiere al hecho de que "la revelación postrera con frecuencia se edifica sobre y completa a la más temprana".[40]

El Artículo V de la Declaración de Chicago sobre la Inerrancia Bíblica se expone lo siguiente:

> Afirmamos que la revelación de Dios en las Sagradas Escrituras fue progresiva. Negamos que la revelación postrera, que puede cumplir revelación temprana, la corrija o la contradiga. Negamos, además, que toda la revelación normativa ha sido dada al completarse los escritos del Nuevo Testamento.[41]

En todo nuestro pensamiento acerca de la revelación progresiva debemos recordar las dos cosas de este artículo: (1) El Nuevo Testamento nunca corrige o contradice al Antiguo Testamento, y (2) la revelación de Dios escrita terminó con el último libro del Nuevo Testamento, el Libro de Apocalipsis, con el cual se cerró el canon de la Biblia.

- **La persona y obra de Jesucristo son el foco central de toda la Biblia.**

Debemos recordar que "la correcta interpretación de cualquier parte de la biblia requiere que la relacionemos con la persona y obra de Cristo".[42] ¿Por qué? Porque "cada parte de la Biblia nos conduce a Cristo..."[43]

---

37  *The Chicago Statement on Biblical Inerrancy,* Article VI.
38  San Agustín dice: "Nada puede sacarse de aquellos pasajes oscuros que no pueda obtenerse de otros pasajes formulados en un lenguaje claro". Ver, Philip Schaff, ed., *A Select Library of Nicene and Post-Nicene Fathers of the Christian Church,* Vol. II, San Agustín, La ciudad de Dios y la Doctrina Cristiana, Book 2, Chap. 6, Section 8, p. 537.
39  Sidney Greidanus, *The Modern Preacher and the Ancient Text, Interpreting and Preaching Biblical Literature,* p. 112.
40  Leon Morris, *I Believe in Revelation,* p. 139. Descubrí y luego obtuve la obra de Morris al leer el libro de Sidney Greidanus' *The Modern Preacher and the Ancient Text, Interpreting and Preaching Biblical Literature,* donde se encuentra la cita anterior, ver p. 113.
41  *Chicago Statement on Biblical Inerrancy,* Article V.
42  Graeme Goldsworthy, *Preaching the Whole Bible as Christian Scripture,* p. 84.
43  Ibid, p.128.

# HERMENEUTICA

Nuevamente nos referimos a la Declaración de Chicago sobre la Inerrancia Bíblica:

> Puesto que el Mesías profetizado, Jesucristo es el tema central de la Biblia, el Antiguo Testamento miraba a Cristo en el futuro; el Nuevo Testamento miraba hacia atrás a Su primera venida y a su venida final…, la Sagrada Escritura debe ser tratada como lo que esencialmente es, el testimonio del Padre acerca de su Hijo encarnado.[44]

- **La Biblia es consistente y no existen contradicciones**

Bien se ha dicho que si la Biblia estuviera "corrompida por la ignorancia e inconsistencias de los seres humanos", ya "no sería la Palabra de Dios".[45]

Un gran teólogo del Siglo XIX escribió que "si la Biblia es lo que dice ser, la Palabra de Dios, ella es la obra de una mente, y esa mente fue divina. De aquí se sigue que la Biblia no contradice a la Biblia. Dios no puede enseñar en un lugar nada que sea inconsistente con lo que enseña en otro ligar".[46]

- **Hay muchas aplicaciones de un texto, pero solo hay una sola interpretación correcta.**[47]
- **Un pasaje bíblico significa lo que su autor quiso decir cuando lo escribió para sus lectores originales.**

El descubrimiento del significado de un texto involucra "ver a cada libro de la Biblia en su propio contexto histórico y contexto cultural y colocarnos nosotros tanto en la situación del escritor como de los lectores".[48] Cuando estudiamos un pasaje de la Biblia, debemos buscar conocer lo que el Espíritu Santo estaba diciendo a través del autor bíblico a sus lectores en aquel tiempo con la finalidad de conocer lo que el Espíritu Santo nos está diciendo a través de aquel mismo pasaje de la Biblia hoy. Estamos buscando, lo mejor que podamos, en primer lugar, una correcta interpretación del mensaje que tenía en mente el autor, y luego hacer nuestras varias aplicaciones.

Claro que hay algunos pasajes que tienen significado más allá del entendimiento del autor y de sus lectores. Estos pasajes tienen un "sentido más pleno a la luz de las enseñanzas de la revelación del Nuevo Testamento".[49] Esto es ciertamente verdad de la profecía predictiva relacionada con la encarnación de Cristo, con su obra redentora en la cruz, y con su Iglesia, y con su venida final.

Sin embargo, debemos tener cuidado de no imponer significados en el texto (eiségesis). Todo "sentido pleno" de un texto tiene que basarse muy directamente en la revelación que ha sido dada más adelante en la Sagrada Escritura.[50]

---

44 *The Chicago Statement on Biblical Inerrancy, "Exposition"*. Aquí se ofrece una cita más completa: "En tanto Mesías profetizado, Jesucristo es el tema central de la Escritura. El Antiguo Testamento lo miraba hacia adelante, mientras que el Nuevo Testamento mira hacia atrás a su primera venida y a su segunda venida. La Escritura canónica es divinamente inspirada y por lo tanto es el testimonio normativo de Cristo. Entonces, ninguna hermenéutica cuyo foco central no sea Cristo es aceptable. La Sagrada Escritura tiene que ser tratada como lo que esencialmente es: El testimonio del Padre acerca del Hijo encarnado".

45 Walter C. Kaiser, Jr., y Moises Silva, *An Introduction to Biblical Hermeneutics, The Search for Meaning*, p. 24.

46 Hodge, p. 187.

47 In Richard Pratt's *He Gave Us Stories*, p. 114-15, Dr. Pratt ofrece pensamientos útiles acera de lo que él llama "el significado unificado" del texto. Cuando decimos una sola "interpretación precisa" reconocemos que, como lo dice Pratt, otros textos bíblicos "pueden hablar directa o indirectamente" acerca de algún pasaje particular, proveyendo otros aspectos de sus significado pleno.

48 J. I. Packer, *Truth and Power, The Place of Scripture in the Christian Life*, p. 140.

49 Sidney Greidanus, *The Modern Preacher and the Ancient Text, Interpreting and Preaching Biblical Literature*, p. 111.

50 Ibid, p. 112.

- **Interpretamos la escritura mediante la Escritura.**

    "La Sagrada Escritura es su propio interprete", decían los reformadores. La idea que la Escritura interpreta a la Escritura ha sido llamada "la analogía de la fe". Ninguna parte de la Biblia puede interpretarse de manera que esté en conflicto con la fe, es decir, las enseñanzas que hemos recibido del resto de la Biblia. Debemos recordar que "el significado de cualquier parte de la Biblia debe ser entendida en el contexto de la Biblia como un todo".[51]

- **Debemos identificar el tipo de literatura que estamos interpretando.**

    Esto ya lo discutimos en la primera clase. Debemos saber el tipo de literatura que estamos estudiando para poder interpretar el texto (por ejemplo: poesía, prosa narrativa, historia, ley, carta, parábola, etc.). Los principios especiales que se aplican a los distintos tipos de literatura no los tocaremos en esta clase. Los daremos en clases futuras. Aquí solo repetiremos lo que dijimos en la primera clase. No se puede interpretar correctamente un pasaje bíblico a menos que primero preguntemos "¿de qué tipo de literatura se trata?"[52]

- **Dependemos de las enseñanzas del Nuevo Testamento para ayudarnos a entender el Antiguo Testamento.**

    ¿Por qué el Nuevo Testamento nos guía en nuestra interpretación del Antiguo Testamento? Porque "la revelación postrera es más plena y más clara".[53] Como ya hemos dicho, la revelación es progresiva. Por lo tanto, tenemos que ver el Antiguo Testamento a través de los lentes del Nuevo Testamento.

    Sin embargo, la idea de que la revelación es progresiva de ninguna manera subestima el valor del Antiguo Testamento. En efecto, bien se ha dicho que "la revelación del Nuevo Testamento sólo puede ser entendida correctamente en el contexto de la revelación del Antiguo Testamento".[54]

- **Debemos entender cada texto en su contexto histórico y literario.** (Ya discutido en la primera clase)

- **Buscamos entender la totalidad de las Escrituras a través de examinar sus partes, y buscamos entender sus partes examinando la totalidad.** (A esto se le ha denominado "el círculo hermenéutico".)

- **Tenemos que examinar las porciones didácticas de la Biblia para guiar nuestra interpretación de las narrativas históricas.** (Por "didácticas" queremos decir las porciones de la Biblia que constituyen enseñanzas como por ejemplo: las epístolas y el Sermón del Monte.)

- **Interpretamos la experiencia a la luz de la Biblia; no interpretamos la Biblia a la luz de la experiencia.**

    No debemos permitir que nuestras experiencias, o las experiencias y alegaciones de experiencias de otros determinen nuestro entendimiento de la Biblia. Al contrario, con humildad tenemos que permitir que la Biblia determine nuestro entendimiento de experiencias personales.

---

51 Dan McCartney y Charles Clayton, *Let the Reader Understand, A Guide to Interpreting and Applying the Bible*, p. 171.
52 He aquí algunas fuentes útiles sobre la interpretación de varios géneros bíblicos: Gordon Fee y Douglas Stuart, *How to Read the Bible for All Its Worth*, p. 45-245; Graeme Goldsworthy, *Preaching the Whole Bible as Christian Scripture*, p. 135-244; Dan McCartney y Charles Clayton, *Let the Reader Understand*, p. 223-242; R. C. Sproul, *Knowing Scripture*, p. 89-90, 94-99; Robert Stein, *A Basic Guide to Interpreting the Bible*, p. 73-202; William Klein, Craig Blomberg, y Robert Hubbard, Jr., *Introduction to Biblical Interpretation*, p. 323-448.
53 Dan McCartney y Charles Clayton, *Let the Reader Understand, A Guide to Interpreting and Applying the Bible*, p. 208.
54 Sidney Greidanus, *The Modern Preacher and the Ancient Text, Interpreting and Preaching Biblical Literature*, p. 113

# HERMENEUTICA

- **Tenemos que buscar el "simple sentido histórico"[55] del idioma del texto.**

  Esto significa que las "Escrituras deben tomarse en el sentido que se les da en la época y por la gente a quienes estaban dirigidas. Este principio solamente asume que los escritores sagrados eran honestos, y que querían que se les entienda".[56]

- **Tenemos que entender que un texto es literalmente verdadero a menos que sea claro que se trata de lenguaje figurado.**

- **Los eventos sobrenaturales en la Biblia tienen que aceptarse como literalmente verdaderos.**

  Los eventos sobrenaturales tienen que aceptarse tal cual se presentan, y no se deben buscar explicaciones puramente naturales.[57]

- **Cuando encontramos palabras que pueden tener significados múltiples, debemos determinar el significado prestando cuidadosa consideración al contexto.**

  Estar conscientes de la variedad de significados que puede tener una palabra puede ser útil para determinar su significado en un versículo específico, pero "los significados distintos al especificado por el texto no se les ocurre normalmente ni al orador ni a la audiencia".[58]

  Aquí debemos mencionar que cuando estamos predicando, en la mayoría de los casos, es importante que señalemos las varias maneras en que una palabra se utiliza. Debemos centrar nuestra atención en el significado de la palabra tal cual se usa en el versículo específico que tenemos ante nosotros.

- **Debemos ser cuidadosos de no usar incorrectamente el estudio de la etimología (el origen y desarrollo de las palabras).**

  Tal como un académico bíblico explica "aunque el origen y desarrollo de una palabra puede ser interesante, los escritores dependen de la manera en que un idioma es realmente usado en su tiempo".[59]

  Debemos preguntar, "¿Cómo un autor especifico y sus lectores entendieron aquella palabra en su contexto cultural e histórico? Y ¿cómo la habrían entendido en el contexto del pasaje especifico del pasaje que estoy estudiando?"

- **Debemos orar pidiendo entendimiento.**

  En el Salmo 119, varias veces escuchamos al salmista orando por entendimiento. Una de aquellas oraciones más conocidas se encuentran en el versículo 18 donde dice: "Abre mis ojos, para que vea las maravillas de tu ley". Así como el salmista, debemos orar a nuestro Señor y pedirle que nos de entendimiento de Su Palabra.

---

55 Charles Hodge, *Systematic Theology, Vol. 1*, p. 187.
56 Ibid, p. 187.
57 Ramm, et al, p. 26-27. Dr. Ramm dice: "El uso de lo sobrenatural es parte de la obra reveladora y redentora de Dios en medio de una humanidad y un cosmos entenebrecido por el pecado".
58 Kaiser, y Silva, p. 64.
59 Kaiser, y Silva, p. 64.

- **Tenemos que depender del Espíritu Santo.**

    En el Nuevo testamento, escuchamos al apóstol Juan hablar del ministerio del Espíritu Santo con respecto a la interpretación de la Biblia. 1 Juan 2:27 dice: "Y en cuanto a vosotros, la unción que recibisteis de Él permanece en vosotros" y "Su unción les enseñará todas las cosas". El Dr. J.I. Packer dice que el Espíritu Santo es la "unción" de la que habla Juan, "el entendimiento viene del Espíritu a través de la Palabra, la Palabra y el Espíritu permanecen unidos".[60]

    Pero ¿qué acerca de nuestra propia diligencia personal en el estudio? El Dr. Packer nos da un consejo en palabras muy directas:

    > Este aprendizaje mediante el Espíritu Santo no elimina la necesidad de estudiar como tampoco invalida las reglas de interpretación ... nunca se debe oponer la obra del Espíritu Santo que da entendimiento a vuestra labor como estudiante que los busca, el Espíritu obra a través de nuestra diligencia y no a través de nuestra ociosidad.[61]

- **La interpretación tiene que hacerse en la comunidad cristiana.**

    Debemos hacer el trabajo de interpretación dentro de la comunidad de la Iglesia de nuestro Señor. El Dr. Packer dice, "Usualmente, y ciertamente no de manera plena, el entendimiento no ocurre fuera de la comunidad de fe",[62] y el llama nuestra atención a Colosenses 3:16, "Que la Palabra de Cristo more en abundancia dentro de ustedes, enseñándoos y amonestándoos los unos a los otros en toda sabiduría..."

    Dios nos ha llamado a una feliz dependencia de los unos para con los otros en el trabajo de interpretar lo que Él nos ha dicho en la Santa Biblia.

    > Tenemos que aprender los unos de los otros en nuestras iglesias locales.
    > Tenemos que aprender de aquellos en las iglesias de culturas distintas a las nuestras.
    > Tenemos que aprender de aquellos intérpretes que han vivido en los siglos anteriores al nuestro.

    El aprendizaje en comunidad nos ayudará a evitar errores y enriquecerá nuestro entendimiento de las Escrituras. (**Nota para el maestro/facilitador**: Por favor, dese cuenta de la advertencia contra "la trampa del individualismo"[63] más adelante).

- **Estudie teniendo en mente la aplicación.**

    Santiago 1:22 dice, "Sed hacedores de la palabra y no solamente oidores que se engañan a sí mismos". Buscamos un correcto entendimiento de la Biblia para aplicarlo a nuestras propias vidas.

---

60   J. I Packer, Truth and Power, *The Place of Scripture in the Christian Life,* p. 133.
61   Ibid, p. 149.
62   Ibid, p. 150.
63   William W. Klein, Craig L. Bloomberg, y Robert L. Hubbard Jr., *Introduction to Biblical Interpretation,* p. 141. "como interpretes bíblicos debemos preocuparnos de la trampa del individualismo. *Necesitamos reconocer nuestra membresía en el Cuerpo de Cristo, la Iglesia ...* No trabajamos en el vacío; no somos los primeros en cavilar acerca del significado de la Biblia. Necesitamos el enriquecimiento, los esfuerzos y la ayuda de nuestros compañeros creyentes para confrontar nuestras percepciones y para confirmar su validez ... La Iglesia a través de las edades, constituida por el Espíritu, provee de mutua responsabilidad; ofrece el escenario donde podemos formular nuestra interpretación. Tal responsabilidad mutua nos preserva de interpretaciones disidentes e individualistas. Nos provee del remedio contra el egoísmo, conclusiones antojadizas de aquellos que no tienen la perspectiva de ver más allá de sus propias circunstancias. Y, puesto que la Iglesia de Jesucristo es una comunidad mundial, atraviesa todos los intereses culturales y provinciales (una realidad que negamos si limitamos nuestras interpretaciones y formulaciones del significado de la verdad de Dios a los intentos personales o parroquiales de entender la Escritura. Si descubrimos el significado de la revelación de Dios, tendrá sentido o sonará verdadera a otros en el Cuerpo mundial cuando ellos abiertamente evalúen la evidencia que usamos para llegar a nuestras conclusiones".)

## Resumen

Es esencial que hagamos aplicación correcta de los principios hermenéuticos como los que hemos considerado. Al hacerlo, el Dr. Packer dice que experimentaremos liberación de tres tiranías: 1) "La tiranía de estar atado a nuestros pensamientos", 2) "la tiranía de estar atado a nuestro propio tiempo", y 3) la tiranía de estar atado a nuestra propia tradición…(ej, de una herencia particular de enseñanza y entrenamiento)".[64]

Que nuestro Señor nos ayude a todos a ser mejores intérpretes de su Santa Palabra, por causa de su pueblo, por causa de su Gloria.

---

64  J. I. Packer, p. 152-154

# APLICACIÓN DE LA ESCRITURA

Como hemos dicho en nuestra clase sobre hermenéutica, siempre interpretamos con miras a la aplicación. En Juan 17:17 Jesús oró por usted y por todos sus seguidores: "Santifícalos en tu verdad, tu palabra es verdad". De manera que mientras usted estudia y predica recuerde constantemente que Dios el Padre está respondiendo esa oración de su Hijo: Él está santificando a su pueblo mientras aplican su Palabra a sus corazones.

La verdadera predicación llama al pueblo de Dios a "ser no solo oidores sino hacedores de su Palabra" (Santiago 1:22). Mediante la aplicación de la Palabra de Dios nos convertimos en individuos santos, y la Iglesia se convertirá en una comunidad santa.

## Unas palabras finales para el predicador: La Escritura es "útil".

Se ha dicho que las últimas palabras son, con frecuencia, las más importantes. Cuando Pablo estaba concluyendo la carta segunda y final para Timoteo, en el capítulo 3:16-17, le hacía recordar al joven predicador que…

> toda Escritura es inspirada por Dios y ella es útil para enseñar, para redargüir, para corregir y para instruir en justicia, a fin de que el hombre de Dios esté enteramente preparado para toda buena obra.

¿Qué estaba diciendo Pablo? En la Biblia, Dios le dice a su pueblo que necesitan:

- Conocer – "enseñanza"
- Detener – "reprobar"
- Cambiar – "corrección"
- Hacer – "entrenamiento en la santidad"[65]

Conocer, detener, reprobar, cambiar, corrección y hacer pueden retenerse con facilidad en nuestra mente y nos proveerá de la guía más fundamental en la aplicación de la Biblia.

En vista de esta cuádruple utilidad de la Biblia el capítulo 4 versículo 2 de esta misma epístola Pablo encarga a Timoteo a …[66]

> corregir, reprobar y exhortar con toda paciencia y enseñanza.

Así que, colegas predicadores, hemos sido llamados por Dios para guiar a su pueblo con mucha paciencia hacia las varias maneras en que la Biblia les sea útil. Dios nos ha llamado a ayudarles no sólo a entender sino también a aplicar su Palabra a sus vidas.

---

65  Escuche esto por primera vez (conocer, detener, cambiar, hacer) del Rev. Donald Tabb a inicios de los 70's, mas no conozco la fuente original.
66  Algunos lectores quizás saben que Sinclair Ferguson hace la misma conexión que he hecho aquí entre la declaración de Pablo en 2 Timoteo 3:16-17 y su exhortación en 2 Timoteo 4:2. Ver, *Feed My Sheep, A Passionate Plea for Preaching*, p. 198-99.

## Cosas importantes que deben recordar al aplicar las Sagradas Escrituras.

He aquí algunas cosas importantes a tener en cuenta en tanto que usted procura guiar a sus oyentes en la aplicación de la Palabra de Dios (un par de ellas ya fueron dichas en los apuntes anteriores.)

- **Trate de disponer de aplicaciones personales durante su sermón.**

- **Haga por lo menos una aplicación por cada punto principal de su sermón.**

- **Con frecuencia habrán aplicaciones para cada sub-punto de su sermón.**

- **Concluya su sermón con una aplicación del tema central** (La idea expresada en proposición del tema central en el Lado B).

- **Todas las aplicaciones tienen que estar muy directamente relacionadas con lo que el autor ha dicho en el texto.**

- **Las aplicaciones deben ser bien claras** (ej., que sus oyentes las entiendan fácilmente).

- **Las aplicaciones tienen que ser específicas.**

- **Utilice las seis preguntas que guíen su pensamiento acerca de las distintas aplicaciones:** Cómo, qué, cuándo, dónde y quién.

- **Trate de invocar una respuesta *inmediata*.** La gente debe entender que, como siervo de Dios, usted los está llamando a responder a Dios aquí y ahora en su santa presencia.

- **Las aplicaciones tienen que dirigirse a la cabeza, al Corazón y a las manos.** Es decir, usted tiene que llamar a sus oyentes a contemplar, a sentir y a hacer ciertas cosas.

- **Usted tiene que orar y pensar cuidadosamente acerca de las necesidades emocionales, sociales, intelectuales y espirituales de la gente a quien le predica.** Pídale a Dios que le dé un entendimiento acerca de la gente que está sentada delante de usted. Usted debe conocer a su pueblo. Usted tiene que entender sus necesidades y anhelos. Un amor verdadero por el pueblo de Dios hace que estudiemos sus vidas.

- **Usted debe incluir aplicaciones que sean de ayuda a toda la gente a la que se está dirigiendo:** Niños y adultos, ricos y pobres, los muy instruidos y los poco instruidos, nuevos creyentes y creyentes maduros, así como a los no creyentes.

- **Tienen que haber aplicaciones no solo para los individuos sino también para la iglesia local como cuerpo de creyentes.**

- **¡Asegúrese de incluir el Evangelio!** En la mayoría de casos, usted tiene que exponer lo esencial del Evangelio en algún punto de su sermón. Haga esto de tal manera que encaje en la trama de su sermón. Ore al señor para que le muestre como predicar a quienes están perdidos en tanto que alimenta al rebaño.

# APLICACIÓN DE LA ESCRITURA

- **Usted debe comunicar su esperanza del buen progreso de sus oyentes.** Aunque es esencial que su predicación algunas veces incluya palabras de reprensión, la gente debe saber que usted siempre mantiene la esperanza de un cambio positivo en la vida de ellos.

- **Al presentar las aplicaciones al pueblo, usted debe mantener un espíritu de humildad.**

- **En el ministerio pastoral, usted debe estar muy dispuesto a ayudar a los miembros de la iglesia que tengan preguntas acerca de cómo aplicar de modo específico en sus vidas las aplicaciones de su sermón.**

- **Aplique el mensaje a usted mismo.** Debemos ser como Esdras que "dispuso su corazón" a la "práctica" de lo que estudió y enseñó. (Esdras 7:10) Durante la preparación de su sermón, usted debe estar pensando acerca de las aplicaciones que hará a su propia vida. Puede considerar escribirlas y orar al Señor por ayuda al hacer estas aplicaciones personales.

En una clase anterior, incluimos una herramienta de aplicación de los Navegantes (con ligeras modificaciones).[67] Las volvemos a recordar nuevamente aquí:

- ¿Hay un <u>pecado</u> que debo evitar o confesar?
- ¿Hay una <u>promesa</u> de Dios para mí que debo invocar?
- ¿Hay un <u>ejemplo</u> que debo seguir, o no seguir?
- ¿Hay un <u>mandato</u> que debo obedecer?
- ¿Hay <u>conocimiento</u> que debo entender y recordar? (conocimiento acerca de Dios, de la iglesia, creyentes individuales y no creyentes, etc.)

(<u>**Nota para el maestro/facilitador:**</u> En español usted puede usar el acrónimo PEPEMACO para referirse a: Pecado, promesa, ejemplo, mandato y conocimiento.)

## El predicador: Un viajero, oyente y constructor de puentes.

Ofrecer buenas aplicaciones a sus oyentes requerirá de un esfuerzo significativo. Usted necesitara ser un viajero, un oyente y un constructor de puentes.

En nuestra clase sobre el estudio del contexto de un pasaje (p.4), dijimos que debemos viajar de regreso al mundo del autor y de la gente para quienes escribió. Nos sentamos en una silla junto al autor, echamos una mirada a su mundo, y procuramos escuchar lo que está diciendo a sus lectores.[68]

Pero hay otra clase de viaje y de escuchar que debemos hacer. Debemos viajar hacia el mundo de la gente a quienes les predicaremos para escuchar lo que ellos están pensando y sintiendo. Claro que tenemos que usar sabiduría en este viaje y escuchar de manera que no nos expongamos a situaciones en las que podamos causar daño a nuestro propio carácter. Sin embargo, tenemos que encontrar maneras de obtener un entendimiento del pensamiento de la gente a quienes hemos sido llamados a alcanzar y predicar.

---

67  *The Navigator Bible Studies Handbook*, p. 23.
68  Haddon Robinson, *Biblical Preaching,* p. 23. "El expositor trae su silla para sentarse donde los autores bíblicos se sentaron".

Así que debemos escuchar tanto a la Palabra de Dios y al mundo que nos rodea. John Stott se refiere a esto como a un doble escuchar".[69]

Al involucrarnos en este "doble-escuchar", entonces estaremos en la capacidad de cumplir nuestro llamado como "constructores de puentes". Esta es una metáfora que nos presenta John Stott en su libro: Entre dos mundos (o *Yo creo en la predicación*), él dice:

> Es a través de este espacio amplio y profundo de dos mil años de una cultura cambiante (mucho más aun en el caso del Antiguo Testamento) donde los comunicadores cristianos tenemos que colocar puentes. Nuestra tarea es hacer posible que la verdad revelada de Dios fluya desde las Escrituras hacia las vidas de los hombres y mujeres de hoy.[70]

Debemos establecer conexiones entre el texto antiguo y el pueblo de Dios a quien ministramos. Debemos no solo explicar las Escrituras en maneras entendibles para ellos; debemos también proveer aplicaciones que sean relevantes para sus vidas.

Sin embargo, en tanto buscamos predicar de manera que sea relevante, existe un peligro que debemos evitar. No debemos enfocarnos demasiado en resolver preguntas que la gente se pregunta, y es nuestra tarea guiarlos a preguntar aquellas que son las correctas. Debemos recordar que este tipo de puentes que construimos deben ser "determinados más por la revelación bíblica que por el espíritu de la época".[71]

Debemos orar los unos por los otros para que Dios nos ayude a ser viajeros enérgicos, cuidadosos oyentes, y sabios constructores de puentes.

## Al concluir, unos cuantos pensamientos acerca de la aplicación.

He aquí unos cuantos pensamientos concernientes a la provisión de aplicaciones de la Palabra de Dios que usted debe proveer para sus oyentes:

1. **Aplique la Palabra de Dios centrándose en Jesús.**[72]

    Nuestras aplicaciones deben enfocarse en la persona, lugar, y poder de Jesucristo".[73] Debemos conducir al pueblo de Dios a su gran Mediador, quien es su profeta, sacerdote y Rey".[74]

    Damos por sentado que llamamos al pueblo de Dios a obedecer a Jesús. Pero también los llamamos a meditar en quién es Él y lo que ha hecho y está haciendo por ellos. En nuestra predicación debemos facilitar un encuentro directo entre el pueblo y su Salvador. Allí en su presencia, por su gracia, el pueblo escuchará su voz mientras predica, y el Espíritu Santo los moverá a responderle.

---

69 Por muchos años, John Stott ha llamado a los cristianos un "doble escuchar". Esta idea fue fundacional para el curso "Los cristianos en el mundo moderno" en el London Institute for Contemporary Christianity durante los inicios de los 80's.
70 Ibid, p. 138.
71 Ibid, p. 139.
72 J. I. Packer, Truth and Power, *The Place of Scripture in the Christian Life,* p. 166.
73 Ibid, p. 166.
74 Ibid, p. 166.

# APLICACIÓN DE LA ESCRITURA

## 2. Dirija sus aplicaciones al corazón del pueblo.

Como dijo un bien respetado predicador, "Toda predicación verdaderamente bíblica es una predicación para el corazón..."[75] En la Biblia, la palabra "corazón" se refiere a la "esencia central de la existencia y personalidad del individuo" y es "frecuentemente usada como sinónimo de la mente, de la voluntad y de la conciencia, tanto como (en ciertas ocasiones) de los afectos".[76] Es "el centro gobernativo de la vida".[77]

Debemos predicar al corazón, pero hacerlo a través de las mentes de nuestros oyentes. Al informarles acerca de la verdad de Dios, ella transformará sus corazones.[78]

John Stott nos ha llamado a ver la necesidad de una "combinación de la mente y corazón, de lo racional y lo emocional"[79] en nuestra predicación. Stott nos dirige a la experiencia de los dos discípulos que iban por el camino de Emaús cuyas mentes habían sido instruidas y cuyos corazones habían sido profundamente tocados: "¿Acaso nuestros corazones no ardían dentro de nosotros mientras Él nos hablaba en el camino, cuando nos abría las Escrituras?"[80]

Tenemos que abrir las Escrituras ante las mentes de la gente para que el mensaje de Dios arda dentro de sus corazones y transforme sus vidas. Para hacer esto efectivamente, debemos recordar lo que es la verdadera predicación.

El Dr. Martyn Lloyd-Jones que ministró en Londres por muchos años, escribía:

> ¿Que es la predicación? ¡Lógica que arde! ¡Razón elocuente! ... La predicación es teología a través de una persona que arde.[81]

John Stott ha añadido,

> El fuego en la predicación depende del fuego del predicador y este proviene del Espíritu Santo. Nuestros sermones nunca arderán a menos que el fuego del Espíritu Santo arda en nuestros corazones y que nosotros mismos 'resplandezcamos con el Espíritu.' (Romanos 12:11)[82]

Es por medio del fuego del Espíritu Santo que llevamos la aplicación de la Palabra de Dios a los corazones del Pueblo de Dios.

---

75  Sinclair Ferguson, "Preaching to the Heart", in *Feed My Sheep, A Passionate Plea for Preaching.* ed. Don Kistler, p. 192.
76  Ibid, p. 192.
77  Ibid, p. 192.
78  Jonathan Edwards, "Tratado sobre los afectos religiosos", Parte III, Sección 4, in *Las Obras de Jonathan Edwards,* Vol. 2, p. 281. "Los afectos misericordiosos surgen de la iluminación de la mente ... los afectos santos ... surgen del entendimiento informado, de alguna instrucción espiritual que recibe la mente ... Él hijo de Dios es afectado por la gracia, porque ve y entiende algo más de las cosas divinas de lo que antes entendía, más de Dios o de Cristo, y de las gloriosas cosas exhibidas en el Evangelio; ... o recibe algún entendimiento de lo que es nuevo para él, o su conocimiento anterior es renovado luego de que su perspectiva estaba corrompida ..." Edwards da las siguientes referencias bíblicas 1 Juan 4:7; Fil. 1:9; Rom. 10:2; Col. 3:10; Sal. 43:3, 4; Juan 6:45; Luc. 11:52.
79  John Stott, *Between Two Worlds,* p. 282
80  Ibid, p. 286.
81  D. Martyn Lloyd-Jones, *Preachers and Preaching,* p. 97.
82  John Stott, p. 285.

3. **Aplique la Palabra de Dios con un amor genuino por sus oyentes.**

   "Si yo hablara lenguas humanas y angélicas, pero no tengo amor, he llegado a ser *como* metal que resuena o címbalo que retiñe" (1 Corintios 13:1).

   Debemos estar continuamente orando para que Dios incremente nuestro amor por Su pueblo. Usted descubrirá que es un buen hábito mirar a la congregación y orar a Dios para que llene su Corazón de amor por cada uno de los que está frente a usted.

4. **Orar, orar, orar.**

   Presente delante de Dios, en oración, sus aplicaciones y al pueblo a quien sirve. Pídale que les ayude a aplicar su mensaje a sus vidas. Ore por ellos antes de predicar, durante la predicación y luego de haber predicado. Predique con la expectativa que Dios oirá sus oraciones y que por medio de su mano, vidas serán transformadas.

Concluimos con . . . .

# UNA DEFINICIÓN DE LA PREDICACIÓN

"Exponer la Biblia es abrir el texto inspirado con tal fidelidad y sensibilidad que la voz de Dios sea escuchada y que su pueblo le obedezca".[83]

JOHN STOTT

---

[83] Esta definición se dio en una entrevista con el Dr. Al Mohler, cada en *Preaching Today* en el año 1987, y en un artículo titulado: "Una definición bíblica de la predicación" un extracto fue publicado en Abril 15, 2011, la cual fue consultada por el autor de su obra online en: http://www.preachingtoday.com/skills/2005/august/2--stott.html

# BIBLIOGRAFÍA

Chapell, Bryan. *La Predicación Cristo-Céntrica.* Grand Rapids: Baker Book House (1994).

Edwards, Jonathan. *Los afectos religiosos: la valida experiencia espiritual.* Faro de Gracia (2000).

Fee, Gordon, y Stuart, Douglas. *La lectura eficaz de la Biblia.* Editorial "Vida" (2007).

Ferguson, Sinclair. "Predicando al Corazón" en *Apacentad mi grey: Un ruego apasionado por la predicación.* Ed. Don Kistler. Morgan, PA: Soli Deo Gloria Ministries (2002).

Goldsworthy, Graeme. *Predicando la Biblia entera como Escritura cristiana.* Leicester, UK: Inter-Varsity Press (2000).

Greidanus, Sidney. *El Predicador Moderno y el texto antiguo: Interpretar y predicar la literatura Bíblica.* Grand Rapids, Michigan: William B. Eerdmans Publishing (1988).

Hendricks, Howard G. y William D. *Vivir por el libro.* Chicago: Moody Press (1991).

Hodge, Charles. *Teología Sistemática.* Vol. 1. CLIE (2013).

Concilio Internacional de la Inerrancia Bíblica. *El Pronunciamiento de Chicago acerca de la Inerrancia Biblica.* (1978).

Kaiser, Walter C., Jr. *Predicar y Enseñar del Antiguo Testamento.* Grand Rapids, Michigan: Baker Book House (2003).

Kaiser, Walter C., Jr. *Hacia una teología exegética: la Exégesis Biblica para la predicación y la enseñanza.* Grand Rapids, Michigan: Baker Book House (1981).

Kaiser, Walter C., Jr. y Moises Silva. *Una Introducción a la Hermenéutica Bíblica: la búsqueda del significado.* Grand Rapids, Michigan: Zondervan Publishing House (1994).

Klein, William W., Craig L. Blomberg, y Robert. L. Hubbard, Jr. *Introducción a la interpretación bíblica.* Revisado. Nashville: Thomas Nelson (2003).

Larson, Craig Brian, ed. *La Predicación Hoy.* http://www.preachingtoday.com, 2011.

Lloyd-Jones, D. Martyn. *Los Predicadores y la Predicación.* Grand Rapids, Michigan: Zondervan Publishing House (1971).

McCartney, Dan, y Charles Clayton. *Que entienda el Lector: una guía para interpretación y la aplicación de la Biblia.* Phillipsburg, New Jersey: Presbyterian and Reformed Publishing Company (1994).

Morris, Leon. *Yo creo en la Revelación.* Grand Rapids, Michigan: William B. Eerdmans Publishing Company (1976).

Packer, J. I. La *Verdad y el Poder: el Lugar de la Escritura en la Vida Cristiana.* Wheaton, Illinois (1996).

Piper, John. *La Supremacía de Dios en la Predicación.* Grand Rapids: Baker Book House (1990).

Pratt, Richard. *Él Nos Dio Historias.* Phillipsburg, New Jersey: Presbyterian and Reformed Publishing Company (1990).

Ramm, Bernard L. et al. La *Hermenéutica.* Grand Rapids, Michigan: Baker Book House (1971).

Robinson, Haddon. *La Predicación Bíblica.* Grand Rapids Michigan: Baker Book House (1980).

Schaff, Philip, ed. *Una Biblioteca Seleccionada de los Padres Nicenos y Pos-nicenos de la Iglesia Cristiana.* Tomo II. San Agustín, *La Ciudad de Dios* y *La Doctrina Cristiana.* Grand Rapids: William B. Eerdmans Publishing Company (1956).

Spurgeon, C. H. *Charlas con mis Estudiantes.* London: Passmore and Alabaster (1906).

Stott, John R. W. *Entre Dos Mundos: el Arte de la Predicación en el Siglo XX.* Grand Rapids, Michigan: William B. Eerdmans Publishing Company (1982).

Wiersbe, Warren y David. *Los Elementos de la Predicación.* Wheaton, Illinois: Tyndale House Publishers (1986).

*Manual de Estudios Bíblicos de los Navegantes.* Colorado Springs: NavPress (1974).

## Otras Obras Consultadas y Recomendaciones

Alexander, Eric. *¿Qué es la Predicación Bíblica? Serie, Los Elementos de la Fe Reformada.* Phillipsburg, New Jersey: P&R Publishing (2008).

Doriani, Daniel M. *Captar el Mensaje: un Plan para la Interpretación y Aplicación de la Biblia.* Phillipsburg, New Jersey: Presbyterian and Reformed Publishing Company (1996).

Doriani, Daniel M. *Poner a Trabajar la Verdad: la Teoría y la Práctica de la Aplicación Bíblica.* Phillipsburg, New Jersey: Presbyterian and Reformed Publishing Company (2001).

Logan, Samuel T. Logan, Jr., ed. *El Predicador y la Predicación.* Phillipsburg, New Jersey: Presbyterian and Reformed Publishing Company (1986).

Sproul, R. C. *Conocer la Escritura.* Downers Grove, Illinois: Intervarsity Press (1977).

Stein, Robert H. *Una Guía Básica para Interpretar la Biblia: Jugando Según las Reglas.* Grand Rapids, Michigan: Baker Book House (1994).

# NOTAS

# NOTAS

# NOTAS

# NOTAS

# NOTAS

# NOTAS

# NOTAS

www.ingramcontent.com/pod-product-compliance
Lightning Source LLC
Chambersburg PA
CBHW060517300426
44112CB00017B/2709